新版
現代の社会学的解読
イントロダクション社会学

山本 努

【編著】

学文社

はじめに

　社会的現実を解読しながら，社会学の基礎を身につける．現状分析や実証研究による具体的な記述をできるだけ取り入れて，社会学による社会の見方・考え方（つまり，社会学の基礎概念や標準的理論）を説明する．独習書として利用でき，1人で読んでも，理解可能なものとする．本書が目指したのは，そのような社会学入門書である．

　社会学は「面白い」学問である．とはいえ，本書を読むには最低限の愚直な努力は要求したい．どのような面白い学問（否，学問のみならずだが）でも，「面白い」と感じることができるためには，ある程度は「しんどい」思いをしなければならないのである．基礎練習や基礎トレーニングがまったくなしでは，野球やサッカーの面白さは味わえない．社会学も同じである（本書は1章，2章（特に1章）を先に読むことを勧めるが，興味のある章から読んでいってもよいだろう）．各章末に「自習のための文献案内」を示した．これらを参考に先に進まれることを期待する．

　社会学は「自由な」学問でもある．社会学は他の社会科学（経済学や政治学など）にくらべて，対象において格段に自由である．社会の現象に疑問符（？）や感嘆符（！）を付せば，それはほぼ間違いなく社会学の対象になる．いろいろな現象に「なぜ」（あるいは，「いかに」）という問いを発して欲しい．そこには，大抵，社会学による研究の蓄積がある．ただし，蓄積があるからといって，問題がすべて解明されているわけではけっしてない．ここから先は自分で考えるしかないが，この点も大きな魅力だろう（サイエンスとはそういう

ものだ).また方法においても,社会学は相当に自由である.理論,実証,帰納,演繹,調査(量的・質的),実験,行為論,構造論,歴史,比較など種々の方法がある.自分の身の丈にあった社会学を探すことができるだろう.

社会学は「身近な」学問でもある.「身近な」ことは,大抵,社会構造の遠くや深くと繋がっている.「身近な」ことからスタートして,淵源の社会構造(の探索,認識)にたどり着くというのは,結局はわれわれ自身(自分)を知ることになる.したがって,社会学は「自己理解の増大をもたらす」学問となる.「自分とはどのような存在なのだろうか」という問いは,「われわれ(の社会や集団)とはどのような存在なのだろうか」という社会学的問いかけぬきには,応答はほぼ不可能である.つまり,「社会学は,私たちは何故,私たちが現にそうするように振る舞うのかを理解する助けになる(W. J. グード『社会学の基本的な考え方』而立書房,「はじめに」)」.これが社会学の最大の効用である.

加えて,社会学は「集団同士が互いに対していだく偏見を一掃するのに役立つ(A. ギデンズ『社会学(改訂新版)』而立書房,27頁)」という重要な効用をもつ.「われわれ(の社会や集団)」を理解するには,「かれら(の社会や集団)」との科学的比較が不可欠であるからである.

本書は小さな書物である.それでも多くの方々からの恩恵を蒙っている.出版にあたっては,学文社の田中千津子社長には行き届いたご配慮を頂いた.末筆ながら,厚くお礼申し上げる.

2006年8月　　　　　　　　　　　　　　　　　　　　　　　　山本　努

新版によせて

　本書は 2006 年に刊行された『現代の社会学的解読―イントロダクション社会学―』の新版です．フレッシュで実力のある執筆者に加わっていただいて，10 年後に再スタートをきったことになります．この 10 年の変化はいろいろあるのですが，社会学を含めて，大学教育の変化で真剣に考えなければならないのは，マックス・ウェーバーのつぎの指摘だと思います．

　「わたしとしては長年の経験と冷静な考察から，多くの学生を集める講義が質の高いものかどうかは疑問だと考えています（『職業としての学問』日経 BP クラシックス，174 頁）」．そして，よい講義とは，「学生のうちに，明晰さと責任感を作りだす」ものだとウェーバーは示唆します（同上書，231 頁）．

　社会学を学ぶ者にとって，この指摘は，この 10 年くらいで，より重要なものになってきたように思います．ここにもまさに社会学的な解読の課題があります．本書がこの解読のための手助けに少しでもなれば嬉しいのですが．
　新版でも引き続き，学文社の田中千津子社長にはまことにお世話になりました．厚くお礼申し上げます．

　2016 年 5 月　　　　熊本地震にて休止されていた熊本大学の授業再開の日に

　　　　　　　　　　　　　　　　　　　　　　　　　　　山本　努

目　次

はじめに　3

新版によせて　5

1章　人間・文化・社会
── 社会学による社会の見方，考え方入門 ──　………………11

1　社会学によるものの見方
　　　── 社会学とは何をいかに研究するのか ──　11

2　文　化　12

　1　文化とは　12／2　文化の三次元と文化の本質　15／3　文化の多様性と共通性　16／4　文化のグローバリゼーション　18

3　社　会　19

　1　社会とは　19／2　微視的世界（ミクロ）・巨視的世界（マクロ）　21／3　社会構造　22／4　制　度　23／5　行為と「状況の規定」　24／6　行為と「自己への呈示」　25／7　社会のイメージ　27

2章　集団・組織
――集団や組織の何が問題か，その視点・論点―― ……………33

1　個人・集団・社会　33
2　集団とは　34
3　内集団と外集団　35
4　民族的内（外）集団・道徳的錬金術・エスノセントリズム　37
5　準拠集団・社会的距離　39
6　大きな集団と小さな集団　41
7　第一次集団の意味　42
8　第一次集団と第二次集団の対比　44
9　第二次集団・組織　46
10　第一次集団・組織・官僚制　47
11　集団の発見，集団の機能・逆機能　49

3章　家族――その普遍性・多様性・現代性―― …………55

1　家族の重要性　55
2　家族の多様性　57
3　家族の普遍性　61
4　家族の定義と基底的機能　62
5　近代化・産業化・核家族化　65
6　核家族化論をこえて　67

4章　都市――都市の見方，都市の姿―― …………75

1　都市とは何かという問い　75

2　都市とは何か——議論のスタート——　77
　3　ワースのアーバニズム論　78
　4　ワース批判　81
　5　フィッシャーの下位文化理論　82
　6　都市が下位文化を生むメカニズム　83
　7　矢崎武夫のワース批判　86
　8　鈴木栄太郎の結節機関論　88
　9　磯村・第三空間論と鈴木・正常生活（人口）論　90
　10　さまざまな都市の見方，都市の姿　91

5 章　農山村——その現状と問題の理解——　97

　1　はじめに　97
　2　かつての農山村はどのように捉えられてきたのか　97
　3　過疎化という問題——過疎化はどのように進展してきたか　99
　4　過疎化の把握(1)——大野晃の限界集落論　100
　5　過疎化の把握(2)——地方消滅論　102
　6　過疎化の把握(3)——徳野貞雄の修正拡大集落論　103
　7　農山村地域の主体性を伴う解決の必要性　104
　8　客体化されるという問題——消費と観光の場となった農山村地域　105
　9　ジェンダー非対称という問題
　　　——農山村地域の女性が抱える固有の問題　107
　10　おわりに　112

6 章　福祉——高齢化と支え合う社会——　115

　1　福祉とは　115

- 2 高齢者の位置づけ　117
- 3 高齢者をめぐる家族関係　118
- 4 高齢者をめぐる近隣・友人関係　120
- 5 高齢者の生きがい　123
- 6 介護の担い手と介護を期待する人　125
- 7 地域福祉とボランティア活動への期待　129
- 8 介護職　131
- 9 おわりに　133

7章　社会問題・社会病理
　　──「社会問題」とはどのように捉えられるのか──　………137

- 1 はじめに　137
- 2 「社会病理」・「社会病理学」とは何を指すのか　137
- 3 社会病理学における諸理論　139
- 4 デュルケームのアノミー論：『自殺論』より　140
- 5 デュルケームのアノミー論：『社会分業論』より　141
- 6 社会解体論　142
- 7 マートンのアノミー論：5つの行動類型　143
- 8 逸脱行動論：ベッカーのラベリング理論を中心に　146
- 9 デュルケームやマートンの論と逸脱行動論の共通性　147
- 10 逸脱行動の4類型　148
- 11 社会問題の社会構築主義　151
- 12 おわりに　152

8章　社会調査——方法を理解する，作品を味わう——　157

1　社会調査とは　157
2　社会調査の説明：個性記述と法則定立　158
3　社会調査のデータ：量的データと質的データ　159
4　社会調査の4つの方法　160
5　文献調査⑴：文献（paper）からの知見　162
6　文献調査⑵：意義と有効性　164
7　現地調査⑴：人びと（people）の観察，参与観察を例にとって　166
8　現地調査⑵：その類型軸，参与と統制　168
9　現地調査⑶：その類型　170
10　現地調査⑷：実験の意義，質問紙調査の位置　171
11　むすびにかえて：付論⑴⑵の作品紹介のために　172

8章付論　作品紹介　177

⑴社会調査の名著：量的社会調査の成果　177

　　『自殺論——社会学研究』　177／『ピープルズ・チョイス——アメリカ人と大統領選挙』　181

⑵社会調査の名著：質的社会調査の成果　186

　　『現代における不幸の諸類型』　186／『ストリート・コーナー・ソサエティ』　188

索引　193

1章　人間・文化・社会

―― 社会学による社会の見方，考え方入門 ――

■1 社会学によるものの見方――社会学とは何をいかに研究するのか――■

　社会学とは，何か？　まず，この問いに簡潔に答えておこう．ほとんどすべての人間行動は社会的な枠組み――文化や制度や集団など――のなかで起こる．「社会学とは，社会における人間行動を研究する学問である（Andersen and Taylor 2001：3)」．あるいは，「社会学は，人間の形作る社会生活や集団，社会を研究し，社会的存在としての自分自身の行動を研究対象としている（Giddens 1989＝1992：12)」と答えてもよい．

　このような答えは，少し抽象的に思えるかもしれない．具体的な例を出して，社会学によるものの見方を紹介しよう．たとえば，人が選挙の投票にいくかどうかを考えてみよう．心理学者ならば，個人のパーソナリティ形成に投票行動の説明を求めるだろう．彼が投票にいかないのはいかなる生育歴（政治的社会化）に原因があるのだろうか？　経済学者ならば，利益や損失からみて，投票にいくことが合理的な行為かどうかという観点で説明を試みるだろう．投票にいくことが自分の経済的利益に結びつく人びとは，投票にいくだろう．政治学者ならば，政治制度や政治文化で投票行動はどのように異なるかを考えるだろう．民主制度や民主的政治文化が浸透した社会なら，多くの人は投票にいくに違いない．これに対して，社会学者ならば，投票にいくかいかないかは，所属集団の影響が大きいことを指摘するだろう．たとえば，現代日本の若者の投票率は低いが[1]，若者集団の中では選挙などどうでもよいことと思われている

のかもしれない，などという具合にである．

これらの話はもちろん，投票のみにかかわる話ではない．投票の部分は人間のさまざまな行動，たとえば結婚（をする，しない）や非行（をする，しない）やゴミのポイ捨て（をする，しない）などにおき換えて欲しい．

以上の事例から社会学は人間の行動を説明するのに，集団や社会という要因を重視するということが示された．「集団や社会によって，人間の行動がいかに作られ」，また，「人間の行動によって，集団や社会がいかに作られているのか」を考えるのが，社会学という学問の課題である．言い換えれば，社会学的パースペクティブにおいては，社会や集団や行動を記述し，分析する道具が非常に重要である．

では社会学は，社会や集団や行動を分析する道具として，どのような概念を有しているのか？　これについては，文化（Culture）と社会（Society）という2つの概念が非常に重要である．文化は社会の比較分析に不可欠の重要概念である．比較によって，われわれは自ら（の社会）を知る契機をえる．また社会は社会学の最重要概念であるが，ミクロ，マクロの各水準に現れる．以下，これらの概念を順次，紹介する．

❷ 文　　化

① 文化とは

「人間はだれも，世界を生まれたままの目で見ていない．人間は慣習や制度や信じ方の，ある決められた一組によって編集された世界を見ているのである」とは，アメリカの文化人類学者，ルース・ベネディクト（1973：25）の言葉である．なるほど，われわれはまわりの「あらゆるもの」を，「あるがまま」には見ていない．たとえば，中国からの留学生には，蛇は美味しい食材と映るが，日本人の大学講師にはそうは映らない（資料1－1）．

われわれ人間のものの見方や生活の仕方は，このように社会や集団によって

資料1—1

中国旅行してヘビ料理知る
　大学講師　福永　俊一
　　（長崎県諫早市　70歳）

　長く留学生に歴史の授業をしてきたが，今年も11人が立派な答辞を読んで1年の基礎課程を修了した．特に中国人は日本文が漢字を基本にしている関係か，習得が早い．来日3〜4カ月で新聞を読んだり高校の教科書を理解したりする者がいる．驚いてしまう．

　彼らは明るく素直，遠くから大声であいさつする．私が学生食堂に入ったりすると「一緒に食べましょう」とライスカレーの皿を持って傍に座る女子学生がいる．みそ汁やおすしも好きになりましたという．

　以前こんなことがあった．私が広東を旅行して有名な食堂に入った時，入り口に竹製の巨大なカゴがあるので開けてみたら，何と生きたヘビが入っていた．案内の人が，「日本の方にヘビ料理は出しません」と説明してくれた．その話をしたら留学生たちは反発して，「なぜ食べもしないで先生はヘビを嫌うのか．ヘビ料理は最高です」と私をやりこめた．

　「日本ではヘビが食べられず残念だね」と言うと，「長崎でも注文すれば出してくれる店があります」という．そこに同行することを約束させられた．その後誘いがなくて，私はひどく安心した．先日わが家の庭にヘビが現れたのを見て，留学生を思いだした．

出典）『朝日新聞』2003年4月21日付，朝刊．

大きく異なっている．この違いを理解するには，文化という概念は非常に重要である．**文化**とは次のように定義される（Linton 1945 = 1952：49-50）．

「文化とは，習得された行動と行動の諸結果との綜合体であり，その構成要素が，ある一つの社会のメンバーによって分有され伝達されているものである」．

上記の文化定義の意味は，以下のように解されるべきである（Linton 1945 = 1952：49-57）．

（1）**「習得された行動」**とは，人間が学習によって，後天的に学んだ行動という意味である．たとえば，食べるということは生物学的な欲求に起因する

動物的行動でもある．しかし，われわれの「食べ方」(つまり「何をいかに食べるか」) は生まれた後に学んだ行動である．ウルフチャイルドのカマラは，狼に育てられたので，狼のような「食べ方」しかできなかった．「人間の子」はそのような「食べ方」はしないだろう．カマラが腐った肉を食べるのを嫌がるようになったのは，シング牧師の孤児院に連れて来られてから約6年経過してからのことであった (後掲, 資料1-2).

(2) ここでいう「**行動**」とは，最も広い意味で用いており，人間のあらゆる活動を含む．すなわち，外面的，内面的，心理的，生理的という区別を問わず，あらゆる活動を含む．したがって，食欲を感じるような本能的活動も，工作のような整合的な筋肉活動も，思考や学習等の内面的活動も，ここでいう「行動」に含まれる．

(3) さらに「**行動の諸結果**」とは，心理的状態として現れる諸結果 (たとえば, 価値, 道徳, 知識, 感情など) と物質的状態として現れる諸結果 (たとえば, 産業の生産物) の両者を含む．

(4) また，定義にある「**綜合体**」とは，「文化を構成する多様な行動とその結果とが，組織化されて全体として一つの型をもったものになっているという意味を表している」．これを言い換えれば，ひとつの文化は，他の文化との個別的な違いを羅列するだけでは理解できないということである．

たとえば，われわれは日本とアメリカの文化の違いを，いろいろと個別的，羅列的に指摘することは容易だろう．ベネディクト (R. Benedict) は『菊と刀』の中で，日本人の入浴について，興味深い記述を残している．「日本人の最も好むささやかな肉体的快楽の一つは温浴である．……彼らは湯ぶねの中に胎児のような姿勢で両膝を立てて坐り，顎まで湯につかる．彼らが毎日入浴するのは，アメリカと同じように清潔のためでもあるが，なおその他に，世界の他の国々の入浴の習慣には類例を見いだすことの困難な，一種の受動的な耽溺の芸術としての価値を置いている．この価値は，彼らの言によれば，年を取るにしたがって増大していく (Benedict 1946 = 1972 : 205-206)」．

この記述は非常に面白いが，このような断片的な比較のみでは，文化のトータルな理解には至らない（ことは，ベネディクトも承知している）．文化は「綜合体」として，「全体として一つの型をもったもの」として理解されなければならないのである．

　このリントン（R. Linton）の考えを理解するにも，ベネディクト（1973：83）の次の文言は有益である．「文化的行動の特質は，それが地方的なものであれ，人為的なものであれ，大きい多様性をそなえたものだとはっきり理解したとしても，それで充分だとは言えない．文化的行動はまた統一されてゆく性質を備えているのである．ちょうど一人の個人のように，一つの個別文化はいわば思想と行動のともかくも一貫したパターンなのである」．このように文化は，型をもつ統一体として理解されなければならない．かくてベネディクトの文化研究では，**文化型**が設定される．未開社会研究から提起された，アポロ型とディオニソス型，さらには日本研究から提起された，「恥の文化（＝日本）」と「罪の文化（＝欧米）」などがそれである．

（5）　定義にある「**分有**」や「**伝達**」についても解説が必要であろう．分有とは，ある行動型や知識や道徳や技術などを社会の複数のメンバーが共通してもっていることを意味している．たとえば，ある籠を編む技術が一人の人のみに知られているのであれば，それは文化の一部とはいえない．それに対して，その技術が分有されれば，それは文化の一部になる．また分有のためには，伝達（たとえば，籠を編む技術を伝授したり，模倣したりすること）が必要である．

（6）　なお，文化とは「社会の全生活様式を指すのであって，その社会の中での比較的高尚であり望ましいとみなされているような生活様式だけを指すのではない（Linton 1945 ＝ 1952：47）」．文化というのは，クラシック音楽を聞いたり，漱石や鴎外の文学を読んだりすることだけを意味するわけではない．[2]

2 文化の三次元と文化の本質

　文化には3つの次元が含まれている．①物質的な側面，②動的・外面的行

動の側面, ③心理・内面的側面が, それである. 物質的側面は「もの」の領域であり, たとえば, 産業の生産物を想起すればよい. 動的・外面的側面は人びとの行動に表されるものであって, 物質的な側面と同じく, 具体的なものであり, 手に触れることもでき, 映写機や録音機に残すことのできる側面である. したがってこれらを総称して, **文化の外的側面**（外面的文化）という. また, 心理・内面的側面は価値, 道徳, 知識, 感情等であり, 直接にはそれを観察することができない（言い換えれば, 外面的行動や側面から推測する以外に認識の方法がない）部分である. したがってこれを**文化の内的側面**（内面的文化）という (Linton 1945 = 1952 : 56-60).

このような文化の3次元は普通切り離されて存在しない. クラックホーンの指摘にあるように, 文化とは, 自然科学の概念と同じく抽象概念なのである. 物体が落下するのは観察できても, 重力をみることはできない. 同じように, 文化そのものは目にみえない. われわれの目にみえるのは, 人間集団の行動であったり, 人工物であったりする. しかし,「古代インカのつづれ織にせよ, メラネシア諸島の石斧にせよ, その様式に規則性が認められるのは, それぞれの集団に知的青写真が存在していたからに他ならない」. つまり,「ある考え方, 感じ方, それが文化なのである (Kluckhohn 1949 = 1971 : 28)」.

3 文化の多様性と共通性

単一の社会の中ですら文化は多様である. この多様性を理解するには, その社会で**優勢で支配的な文化**（Dominant Culture）と**下位文化**（Subcultures）の2つを区別するのは非常に有益である. 優勢で支配的な文化とは, 社会の主要な信念体系を構成し, 主要な社会制度からの支持を受けている文化であり, その社会の中での文化的標準を構成する文化である. ただし, 優勢で支配的な文化が社会のマジョリティの文化と同じとは限らない. たとえば, 南アフリカのDominant Cultureは, 人口10％程度のWhite South Africansに由来する. また, Dominant Cultureとして明確な単一文化を特定化するのがやや困難な社

会もある．たとえば，アメリカ合衆国の Dominant Culture は"アメリカ文化"であろうが，そこに明確な単一文化を想定するのは難しい．

ところで産業化，都市化の進んだ社会では下位文化が多様に展開する．下位文化とは，その社会で優勢で支配的な文化とはやや異なる文化のことである（下位文化の詳しい定義は，4章5節を参照して欲しい）．下位文化を促進する条件は，人びとの生きる状況や環境が多様であること，人びとが異文化を持ち込みやすい状況にあることなどが挙げられる．下位文化は，Dominant Culture から分離（場合によっては排斥）されたコミュニティで営まれる場合（例．アメリカのアーミッシュの人びと）や，逆に Dominant Culture との共存という性格が強い場合がある（例．若者文化）．

また，下位文化の代表的形態は**民族的下位文化**である．たとえば，アメリカの大都市にはチャイナタウンやジャパンタウンがある．そこでは民族文化による種々の活動が営まれている[3]．また，Dominant Culture への意義申し立てや抵抗として対抗文化（countercultures）が存在することもある（例．反差別の運動体）．これも下位文化の一形態である．

このように文化の多様性が理解される一方，この多様性の理解を拒む文化の動きもある．**エスノセントリズム**がそれである．エスノセントリズムは自民族中心主義とも訳されるが，自分の所属集団の観点や基準のみでものごとをみる習慣をいう（詳しくは，2章4節参照）．

ところで，文化の共通性は文化の相違にくらべて，あまり議論されてこなかった．しかし，ほとんどすべての文化は形式的な共通性，分類の斉一的体系をもつ．すなわち，**文化の公分母**（common denominator of cultures）ないし，普遍的文化形式（universal culture pattern）とよばれる文化項目がそれである．以下，その部分的なリストを示しておこう．

年齢階梯，競技，暦，身体装飾，清潔の訓練，共同体の組織，料理，協働，宇宙観，求婚，舞踏，装飾芸術，占ト，分業，夢の解釈，教育，終末観，倫理，植物の

土俗的知識，礼儀作法，信仰治癒，家族，饗応，焚火，民間伝承，食物のタブー，葬儀式，遊戯，身ぶり，贈与，政府，挨拶，髪のスタイル，歓待，住居，健康法，近親性交のタブー，家督相続の掟，冗談，同族の諸団体，血族関係を表わす名称の組織，言語，律法，縁起をかつぐこと，呪術，結婚，食事の時刻，医術，自然的諸機能に関するつつしみ深さ，喪，音楽，神話，数詞，助産術，刑罰的制裁，個人名，人口政策，誕生後の保護，妊娠時の慣習，所有権，超自然的なものをなだめること，結婚適齢期の習慣，宗教儀式，居住方式，性的拘束，霊魂の諸概念，身分の差別，手術，道具を作ること，商売，訪問，離乳，天候の支配．

このリストの個々の項目を分析すれば，異なる文化間の類似はさらに拡大する．たとえば，言語はあらゆる文化にみられる項目だが，ほとんどの言語はさらに同一の諸要素（音素や単語や文法）に分解可能である．同様に葬儀には，悲しみの表現，死体を処理する手段，超自然的な害悪からの関係者の保護などが含まれる（Murdock 1945 = 1952）．

4 文化のグローバリゼーション

現代の文化理解で急速に重要性を増しているのが，グローバリゼーションとよばれる動きである．**グローバリゼーション**は1970年代初め頃から現れてきた，世界規模の交流，相互依存の強化，創造を示す言葉である．その定義は有力な学説が並存しているのが現状だが，次の定義は有益である．「グローバリゼーションとは，世界規模の社会的な相互依存と交流を創出し，増殖し，拡大し，強化すると同時に，ローカルな出来事と遠隔地の出来事との連関が深まっているという人々の認識の高まりを促進する，一連の多次元的な社会的過程を意味する（Steger 2003 = 2005 : 17）」．

グローバリゼーションによって，世界の文化が均一化しつつあるという指摘がある．アメリカの商業化された文化が世界規模で市場に流通し，ファッション，娯楽，食べ物さらには文化的価値までが，アメリカ文化の影響下におかれ，そのゆえに，アメリカ化＝均質化されたグローバルカルチャーが生み出さ

れているというのである．世界でマクドナルドのハンバーガーもペプシコーラも売ってない国は，キューバ，イラク，北朝鮮，ミャンマー，ラオス，カンボジア，ベトナムといった数カ国にすぎない（Andersen and Taylor 2001：47）．「ファーストフード・レストランの諸原理がアメリカ社会のみならず世界の国々の，ますます多くの部門で優勢を占める（Ritzer 1996 = 1999：17-18）」**マクドナルド化**とよばれる事態も指摘されている．

とはいえ，文化のグローバリゼーションは，単に文化の均質化のみに向かうのかといえば，異論もある．文化のグローバリゼーションは**ローカルなもの**の再活性化を伴うこともあるかもしれないのである（Steger 2003 = 2005：95）．確かに現代日本をみても，マクドナルドのハンバーガーもあれば，伝統的日本食やスローフード（ローカルな伝統的食）もある（島村 2003）．いずれにしても，グローバリゼーションは，現代の文化解読における，新しい問題を提起している．

❸ 社　　会

1 社会とは

「人間が人間であるのは，社会のなかに生きていればこそなのである．人間の内から社会を起源とするものを取り除くと，もはや他の動物と大差のない一個の動物が残るのみである．この点で，人間を肉体的自然以上に向上させたのは社会である」とは，フランスの社会学者，エミール・デュルケーム（1974：95-96）の言葉である．「人間－社会＝動物」仮説と要約できるこの文言は，社会が人間にとって根源的に重要であることを示している．

そしてこの仮説は，「**狼に育てられた子**」カマラの事例から経験的にも支持されている．カマラの生涯は資料1－2のようだが，狼少女カマラは，シング牧師の孤児院に連れてこられて，少しづつ人間の行動を取るようになる．つまりカマラは，孤児院という「社会」と出会って，はじめて「人間」になる[4]．

資料1−2 カマラの生涯

1912年春(?)	誕生，1920年まで狼とともに暮らす．
1920年10月	インドのゴダムリ村で，「人間の化物」が現れるのをシング牧師が発見．
1920年11月	シング牧師の孤児院に連れて来られた．昼間は床にうずくまって壁のほうをむいている．夜になると，戸外を4つ足で走るか，両手と膝を使ってはう．狼のほえ声は立てるが，人間の発音はできない．おしゃぶりを吸い，食物をペチャペチャなめて食べる．腐肉を食べる．子どもたちがそばに寄ると，歯をむき出し，いやな声を立てる．暗闇を怖がらない．
1921年9月	姉妹のアマラの死にさいして涙を二粒落として泣く．顔の表情なし．
1922年5月	両足で立つ．同年8月，両手を使って皿から食物をとって食べる．
1923年12月	イエスの時に「フー」（ベンガル語）と言う．
1924年1月	暗闇を怖がる．シング夫人の帰宅を喜ぶ．むかえに飛び出して，夫人に身体をこすりつける．
1926年6月	腐肉を食べることを拒否する．同年12月，恥じらいを示す．着物を着てからでないと寄宿舎の外に出ない．
1927年10月	子どもたちが，カマラをおいて市場へ行ったので，涙をポロポロこぼして泣く．
1929年9月	発病．同年9月，言葉の意味をよく理解しながら自由に話す．同年11月4日，はじめて会う2人の医師を見分け，2人の名前をおぼえ，どちらの名前がどちらの医者であるかを知っている．11月14日，死亡．

出典）Gesell（1941＝1967）から要約．

では，カマラが出会った社会（つまり，孤児院）とはどのような世界なのか？　今少し，記録をのぞいてみよう．「カマラが無理やりに放り込まれた新しい環境は，……間取りも換気も日当たりもよい孤児院であった．……そこには子どもたちが大勢いたが，彼らはほとんどみな立って歩いており，発音器官を使って不思議な音を出し，笑ったり飛びまわったりしていた．彼らは裸でなく着物をきていた．……

また一日の行事——起床，朝の礼拝，入浴とマッサージ，三度の食事，遊戯の時間，就床など——を進行し，その時間を知らせる時計というものがあっ

た．……

　日課の中で一つだけ，とまどったカマラの気持ちの中に，もっとも深くとけこんだできごとがあった．それは朝のマッサージであった．毎朝4時になると，シング夫人は，他の人のまねできない熱心さで，カマラにお得意のマッサージをしてやるのであった（Gesell 1941 = 1967：49-51）」．

2 微視的世界（ミクロ）・巨視的世界（マクロ）

　さて以上がカマラが「放り込まれた」社会であった．このカマラの体験した社会の成り立ちを理解するには，2つの概念が有益である．「微視的世界（ミクロ）」と「巨視的世界（マクロ）」がそれである．

　まず，孤児院の暮らしは，種々のルーティーン（日常的慣例）から成っている．起床から就床までの毎日の行事は，繰り返されている．子どもたちは，着物を着て，立って歩いていた．つまり，「社会」（孤児院）は，① 複数の人びとが営む，② ルールによって規制され，パターン化された行動として経験されている．

　この「社会」はまず，対面的・具体的な他者との関係や相互作用として個人に経験される．具体的には，「シング夫人がカマラにマッサージをしている」「子どもたちが笑ったり飛びまわったりしている」などがそれである．これは，社会の**微視的世界**（ミクロレベル）とよばれる領域である．

　しかし，微視的世界はそれを取り巻く種々の制度（社会の**巨視的世界**＝マクロレベル）を抜きにしては，理解できない．たとえば，シング夫人やカマラや子どもたちは「植民地インド」の「キリスト教」の「孤児院」という制度群を背景に，微視的世界を生きている．いい換えれば，巨視的世界は微視的世界を貫く包括的コンテキストとして経験される．

　つまり，われわれは微視的世界（他者との対面的関係や相互作用）と巨視的世界（種々の制度群の複合体）に同時に暮らす．微視的世界（たとえば，シング夫人とカマラや子どもたちとの関係）は巨視的世界（たとえば，孤児院やキリスト教とい

う制度)を背景にして立ち現れ,巨視的世界は微視的世界で具体的に再現されない限り,現実には存在しえない.社会の中で両者は,常に相互浸透しあっている(Berger and Berger 1972 = 1979:12-22).

3 社会構造

このように社会は,微視的世界と巨視的世界が複雑に絡み合って存在するが,それらの組織化された,持続的な結びつきのパターンを社会構造とよぶ.**社会構造**(social structure)の定義をいくつか示せば,次のようである.「社会構造とは社会を構成する社会制度や社会関係の組織化されたパターンである.社会構造は,社会的相互作用の確立した諸パターンや社会諸制度の中で観察可能なものである(Andersen and Taylor 2001:107)」.「社会構造とは,社会の諸要素間に存在する永続的で,整然とした,またパターン化された関係を指す(Abercrombie, Hill and Turner 2000:326)」.「社会構造とは,男と女,学生と教師などの関係のような,集団の典型的な型のことである.社会構造の社会学的重要性は,社会構造がわれわれの行動をガイドすることにある(Henslin 2000:81)」.

このように述べると,社会構造は非常に抽象的で,自分に関係のないことのように思うかもしれない.しかし,それは大きな間違いである.われわれは日々,社会構造を体験して生きている.たとえば,AさんとBさんがおしゃべりしながら,大学の中を歩いている.これはよくみる光景だろう.AさんとBさんは大の仲良しでおしゃべりが楽しいのである.この2人も,授業が始まった教室の中ではおしゃりべりはしない.本当はC先生の講義を聞くよりも,おしゃべりの方が楽しいに違いない.でも,AさんもBさんも静かに先生の授業を聞いている.

では,なぜ,AさんもBさんも静かに授業を聞くのだろうか? さらには,C先生もなぜ,授業をするのだろうか? C先生も実は読みかけの小説が気になっているのかもしれないし,病気の子どもが心配で家に帰りたいのかもしれない.しかしそれでも,C先生の授業は続くのである.

ここにある．AさんやBさんやC先生に授業を成さしめるものが社会構造である．社会構造はこのように，個人の欲求や感情を「規制」「抑圧」して，行動を「ガイド」する．社会構造には，さまざまな位置（たとえば，「学生」や「先生」という位置）があり，人びとはそれに応じた行動や態度を「とらされる」のである．もちろん，この話は大学だけの話ではない．このような社会構造上のさまざまな位置を**地位**（status）とよび，地位に求められる行動や義務を**役割**（role）とよぶ．

4 制　　度

ところで，AさんやBさんが大学生という地位にあり，C先生が「先生」という地位にいて，その役割にしたがって，授業をしたり，聞いたりしているのは，微視的世界である．微視的世界は先にもみたように，巨視的世界＝制度に包み込まれて存在する．たとえば，AさんやBさんが女子学生であるとすれば，「女性も大学に入ってもよい」という制度に支えられてのことである．また，C先生が社会学を教えているのだとすれば，社会学という学問が大学教育の正当な教科と認められているからに他ならない．

このように社会の中で正しいやり方と認められた行動のパターンのことを**制度**（institutions）という．別の例を出せば，われわれの社会では，結婚は一夫一婦のカップルでと決まっている．また，恋愛が結婚の正当な根拠になるとも決まっている．これらは，われわれの社会での結婚の「制度」の一部である．あるいは，会社の忘年会では，年長者や上役は「上座」に座り，若手や新入社員は「下座」に座ると決まっている．これは，われわれの社会での座り方に関する「制度」の一部である．

このように制度とは，「規制のパターン，すなわち，社会が個人の行動に押しつけるプログラム（Berger and Berger 1972 = 1979：82）」と定義できるが，われわれは制度に取り囲まれて生きている．そのことは，「生まれて」から「死ぬ」までの種々のプロセスをみれば自明である（また，朝起きてから夜寝るまでの

プロセスを見ても自明である）．このような経験からすると，制度は以下の特色をもつものとして存在する．〈制度は，外在的実在として経験される（**外在性**）〉，〈制度は客観性をもつものとして経験される（**客観性**）〉，〈制度には強制力がある（**強制力**）〉，〈制度には道徳的権威がある（**道徳的権威**）〉，〈制度には史実性という特質がある（**史実性**）〉〉（Berger and Berger 1972 = 1979 : 82-92）．

　近代化した社会には，種々の目的に応じて少なくとも**9つの社会制度**がある．家族，宗教，法，政治，経済，教育，科学，医療，軍隊がそれである．そして近代化した社会の制度は近代化前にくらべて，フォーマルな性質をもつことが多い．たとえば，近代化した社会の教育は近代化前にくらべて，フォーマルな組織である学校が担う部分が格段に大きい．また近年，情報を広め，世論を作る目的に対応して，マスメディアという10番目の制度を加えることもある（Henslin 2000 : 85-86）．

5　行為と「状況の規定」

　社会構造や社会制度は，われわれ人間の欲求や感情を「規制」「抑圧」して，行動を「押しつけ」「ガイド」していることをみた．つまり，「人間は社会によって作られて」いる．しかし，人間は社会から一方的に「作られる」のみの存在かといえば，そうはいえない．人間は，社会の中で主体的に働きかけ，社会を自ら構成したり，変動させたりすることがある．つまり，「人間が社会を作る」こともある．

　これについてはやや長いが，ウェーバー（1972：23-24）の文章を引こう．「社会学にとっては，『国家』という事実は，必ずしも法律的に重要な要素のみから成り立っているのではない．……中略……現代の国家の少なからざる部分は，ある人びとが国家は存在するものである，いや，法律的秩序が効力を持つのと同じ意味で存在すべきものであるという観念に自分たちの行為を従わせているおかげで，人間の特殊な共同行為のコンプレックスとして存在しているのである」．

ここにあるのは, ①「国家は現実に存在する(べき)」という観念を人びとがもつ, ②その観念にしたがって人びとが行為する, ③その結果,「国家が存在する」という,「観念→行為→国家の存続」という因果の流れである.

ウェーバーは, このメカニズムを国家に限らず, 種々の社会集団(株式会社や家族など……)について述べている. つまりウェーバーは「観念→行為→社会の存続」というメカニズムを主張するが, これは「個人(人びと)が社会を作る」という命題である.

この因果連鎖に非常に近い主張が,「もし人びとが状況を現実のものだと規定すれば, その状況は結果においても現実になる(If people define situations as real, they are real in their consequences.)」という**トマスの公理**である. トマスの公理は, 人びとは状況の客観的な特徴にではなく, 人びとが付与した状況の意味(つまり「**状況の規定**」)にしたがって行為することを示している. そしてその行為は種々の社会的現実を作る. ここにあるのは,「状況の規定→行為→社会的現実」というメカニズムであり, 先のウェーバーの主張とほぼ同形である.

このトマスの公理をさらに「予言→行為→社会的現実(予言の的中)」と改変したのが, マートンの**自己成就の予言**である.「自己成就の予言とは, 最初の誤った状況の規定が新しい行動を呼び起こし, その行動が当初の誤った考えを真実なものにすることである(Merton 1957 = 1961 : 384-385)」. ここでマートンが主張するのは, 虚偽の観念(例,「黒人はスト破りだ」という予言)が, それに基づく行動を生み(例, 白人労働者が黒人を組合や職場から排除する), それゆえに予言が的中する(例, 排除されたが故に, 黒人はスト破り行う)」という, 誤謬の支配のメカニズムである.

6 行為と「自己への呈示」

このように人間は社会を作るという能動的側面をもつ. この側面を非常に強く打ち出すのは**シンボリック相互作用論**という立場である. この立場の提唱者

であるブルーマー (H. Blumer) は次のように主張する.「個人はすでに存在している対象から成り立つ環境に取り巻かれており，これらの対象がその人に働きかけて行動させる，というのは不適切な図式である．反対に，個人が，自分が行なっている活動を基礎として自分の対象を構成する，というのが適切な図式なのである (Blumer 1969 = 1991：104)」.

この主張は，ウェーバー・トマス・マートンの共通要素を巧みに総括した形になっている．「シンボリック相互作用論の立場からすれば，社会組織とは，活動単位（人間）がその内部で行為を作り出すための枠組みである．『文化』『社会システム』『社会成層』『社会的役割』といった構造的特性は，行為の条件を設定はしても，それを決定はしない（同上書：113)」のである．ここでのブルーマーの主張は図1－1に示すことができる．つまり，人間は種々の構造的特性や環境に対して，受け身的存在ではない．

では，なぜ，受け身的存在でないといえるのか．それを説明するのが，「**自己への呈示**」(self indication)」ないし「**自己との相互作用**」(self interaction) という概念である．ブルーマーによれば，自己への呈示ないし自己との相互作用のない人間行動はありえない．これを説明するためにブルーマー (1991：116–

図1－1　ブルーマーは個人をどうみるか

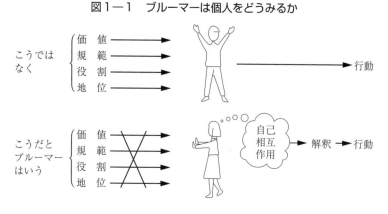

出典）Wallace and Wolf (1980 = 1986：302).

130) は,「ある人が空腹になって食事をする」という例を挙げている.そして,食事という行為は空腹によって説明されるかといえば,「ノー」だという.空腹による説明(「空腹→食事」)は完全に正しいようにみえるが,行為を形づくる自己との相互作用が無視されているために,「現実に起こっていることをひどく誤って示している」というのである.

なぜなら,まず人は自分の空腹に気づかなくてはならない.すなわち,自分の中の不快感を空腹感として自分に示す必要がある.そして,その示された空腹感には,定義や判断や選択が成されることも必要である.すなわち,空腹だがダイエット中であることを思い出して,1食抜くかもしれないし,ちょうど適当な時刻なら,食事をとりにいくかもしれない.食事をとりにいくのならば,さらに食事の種類や方法や材料なども選択されねばなるまい.

この食事の例からわかるとおり,ものごとは自己に示され,定義され,判断され,選択される.そして,それらに基づいて,行為者は自分の行為を,自分が考慮するものごとにてらして,組み立てていく.つまり,「空腹→食事」ではなくて,「空腹の自己への呈示(または,空腹と自己との相互作用)→食事」なのである.この話は空腹のみの話ではない.価値,規範,地位,役割などの社会を構成する諸要素も「自己への呈示」ないし「自己との相互作用」なしには行動につながらない(図1−1).ここにおいて,人間は社会構造との対話者としてイメージされ,単に受け身の存在ではない.

7 社会のイメージ

社会や人間のイメージは,社会学者の理論的立場で大きく違っている.現代の社会学は一応,**機能主義**(Functionalism),**コンフリクトセオリー**(Conflict Theory),**シンボリック相互作用論**(Symbolic Interaction)という主要な3つの立場に分けられる.基本的社会観,社会と個人の関係性,不平等の位置づけ,社会秩序の基盤,社会変動の源泉などは,どれも社会を捉える際の大問題である.これら大問題の一つひとつに,3つの立場で大きな意見の相違がある.こ

表1−1 社会学の3つの立場

	機能主義	コンフリクトセオリー	シンボリック相互作用論
社会とは？（社会観）	客観的・安定的・凝集的なもの	客観的・ハイアラキカル・分裂的なもの	主観的・人びとの精神のなかに想像されたのもの
基本的な問題群 1．社会と個人の関係	個人は固定した役割を占めている	個人は社会に従属している	個人と社会は相互依存的である
2．不平等をどう見るか	必然的・社会に対して機能的である	不足した資源をめぐる闘争の結果である	不平等は地位シンボルの意味付けによって表示される
3．社会秩序の基盤	共通価値による人びとの同意	権力・強制	集合的な意味システム・社会は社会的相互作用によって作られる
4．社会変動の原因	均衡に達するための調整，社会解体変動は漸次的	闘争・競争	常に変動している，対人関係網および，変動する意味システム
主な批判	集団間のパワーの格差を小さく評価するといった，保守的な社会観	社会の安定性や凝集性の程度を低く評価	不平等の分析が弱い．社会における集団間の物質格差に目を向けない傾向がある．社会の主観的基盤を誇張．
学的起源	デュルケーム	マルクス	シカゴ学派社会学
主要な学者	パーソンズ，マートン	ミルズ	バーガー＆ルックマン，ブルーマー

出典) Andersen and Taylor (2001：17-20).

れらの相違は，相互に批判を繰り返しつつ，よきライバルであることによって，社会の解釈や見方を豊かにしている（表1−1）.

注）

1) 若者の投票率は「明るい選挙推進協会」のサイトなど参照．http://www.akaruisenkyo.or.jp/
2) リントン以外の有力な文化の定義を参考までに2つ示す．A culture is a historically derived system of explicit and implicit designs for living, which tends to be shared by all or specially designated members of a group (Kluckhohn and Kelly 1945：98).「文化とは，人々に共有された思考，信念，理解，感情などの様式の事である．人間はそれを共通の経験の中で獲得し，世代から世代へと伝えていく（Broom, Selznick, and Broom 1981 = 1987：35）」．
3) たとえば，サンフランシスコ・ジャパンタウンの福祉NPO（気持会）は，日系高齢者向けに，安価で日本食のランチサービス（1食，$1.50）を行っている．ある1週間分のメニューは，Shrimp Shumai, Saba Misoni, Kimochi Udon, Oden, Kakiage Don, Wafu Nimono, Chicken Teriyaki, であった（2003年調査による）．アメリカ大都市の民族的下位文化の一典型である．これに関連して，次のパーク（1978）の文言を引いておく．「すべて大都市には，たとえば，サンフランシスコやニューヨークのチャイナタウンのような，またシカゴのリトル・シシリーやその他の有名無名の諸形態のような民族的居留地がある．これに加えて，多くの大都市には，極く最近までシカゴに存していたのと同じような隔離された不良地域がある．これらの地域は各種の犯罪者の溜まり場ともいえる」．なお，②節③項のここまでの記述は，Andersen and Taylor（2001：41-47）を参考にした．
4) ただし，狼少女に関する知見は，シング牧師没後，オグバーンらからの批判を受ける．この批判が妥当かどうかも，もちろん，慎重な議論が必要だが，これらの有力な批判は，ベッテルハイム他（1978）にある．Singh（1942 = 1977）の「訳者あとがき」，Gesell（1941 = 1967）所収の宮城音弥による「序」にも批判についての言及があり，参考になる．

参考文献）

Abercrombie, N., Hill, S, and B. S. Turner, 2000, *The Penguin of Dictionary of Sociology*, Penguin Books.
Andersen, M. L. and H. F. Taylor, 2001, *Sociology : The Essentials,* Wadsworth.
Benedict, R., 1934, *Patterns of Culture*, Houghton Mifflin. (= 1973, 米山俊直訳『文化の型』社会思想社).
———, 1946, *The Chrysanthemum and the Sword : Patterns of Japanese Culture*, Houghton Mifflin. (= 1972, 長谷川松治訳『菊と刀——日本文化の型——』社会思想社).
Berger, P. L. and B. Berger, 1972, *Sociology : A Biographical Approaach*, Basic

Books.（= 1979, 安江孝司ほか訳『バーガー社会学』学研).
ベッテルハイム B., 他, 1978, 中野善達訳『野生児と自閉症児（野生児の記録6）』福村出版.
Blumer, H., 1969, *Symbolic Interactionism : Perspective and Method*, Prentice-hall.（= 1991, 後藤将之訳『シンボリック相互作用論――パースペクティヴと方法――』勁草書房).
Broom, L., Selznick, S. and D. D. Broom, 1981, *Sociology : A Text with Adapted Readings*, Harper and Row.（= 1987, 今田高俊監訳『社会学』ハーベスト社).
Durkheim, E., 1950, *Lecons de Sociologie*, Presses Universitaires de France.（= 1974, 宮島喬ほか訳『社会学講義――習俗と法の物理学――』みすず書房).
Gesell, A., 1941, *Wolf Child and Human Child*, Harper & Brothers.（= 1967, 生月雅子訳『狼に育てられた子』家政教育社).
Giddens, A., 1989, *Sociology*, Polity Press.（= 1992, 松尾精文ほか訳『社会学（改訂新版)』而立書房).
Henslin, J. M., 2000, *Essentials of Sociology : A Down-to-Earth Approach*, Allyn and Bacon.
Kluckhohn, C., 1949, *Mirror for Man*, McGraw-Hill.（= 1971, 光延明洋訳『人間のための鏡――文化人類学入門――』サイマル出版会).
Kluckhohn, C. and W. H. Kelly, 1945, "The Concept of Culture", Linton, R. ed., The Science of Man in the World Crisis, Columbia University Press. 78-106.
Linton, R., 1945, *The Cultural Background of Personality*, Appleton-Century-Crofts.（= 1952, 清水幾太郎ほか訳『文化人類学入門』東京創元社).
Merton, R. K., 1957, *Social Theory and Social Structure*, The Free Press.（= 1961, 森東吾ほか訳『社会理論と社会構造』みすず書房).
Murdock, G. P., 1945, "The Common Denominator of Cultures", Linton, R. ed., The Science of Man in the World Crisis, Columbia University Press. 123-142.（= 1952, 瀬川行有訳「文化の公分母」『世界危機に於ける人間科学』実業之日本社：133-154).
Park, R. E., 1916, "The City : Suggestions for the Investigation of Human Behavior In the Urban Environment", A. J. S. xx. 577-612.（= 1978, 笹森秀雄訳「都市」鈴木広編『都市化の社会学（増補)』誠信書房：57-96).
Ritzer, R., 1996, *The McDonaldization of Society*, Pine Forge Press.（= 1999, 正岡寛司監訳『マクドナルド化する社会』早稲田大学出版部).
島村菜津, 2003,『スローフードな人生』新潮文庫.
Singh, J. A. L., 1942, *Wolf-children and feral man*, Harper & Brothers.（= 1977, 中野善達・清水知子訳『狼に育てられた子（野生児の記録1)』福村出版).
Steger, M.B., 2003, *Globalization : A Very Short Introduction*, Oxford University

Press.（= 2005, 櫻井公人ほか訳『グローバリゼーション』岩波書店）.
Wallace, R. and A. Wolf., 1980, *Contemporary Sociological Theory*, Prentice-hall.（= 1986, 濱屋正男ほか訳『現代社会学理論』新泉社）.
Weber, M., 1922, *Soziologische Grundbegriffe*, J. C. B. Mohr.（= 1972, 清水幾太郎訳『社会学の根本概念』岩波文庫）.

自習のための文献案内）……………………………………………………
① P. L. & B. バーガー，1979，安江孝司ほか訳『バーガー社会学』学研
② 木下謙治編，2003，『社会学——基礎概念と射程——』九州大学出版会
③ A. ギデンズ，2009，松尾精文ほか訳『社会学（第5版）』而立書房
④ 見田宗介，2012，『現代社会はどこに向かうか《生きるリアリティの崩壊と再生》FUKUOKA U ブックレット1』弦書房
⑤ C. W. ミルズ，1995，鈴木広訳『社会学的想像力』紀伊國屋書店
⑥ 濱嶋朗ほか編，2005，『社会学小辞典（新版増補版）』有斐閣
⑦ 宮島喬編，2003，『岩波小辞典　社会学』岩波書店

　社会学の見方，考え方を学ぶには，①は平易だが深みのある説明をしてくれる．絶版とのことで残念だが，古書店，図書館などで入手して欲しい．②はコンパクトで平明な社会学入門書．社会学の各分野をバランスよく配置してある．③は内容充実の英国社会学者によるテキストブック．じっくり取り組んでみよう．④は社会学の面白さを満喫できるブックレット．社会学の現代的課題を示す．⑤は「社会学とは何か」を考える必読書．入門書を読んでから，是非，挑戦したい．⑥⑦は初学者向けの社会学辞典．わからない用語はまず辞書で調べる習慣をつけよう．

2章　集団・組織

―― 集団や組織の何が問題か，その視点・論点 ――

1 個人・集団・社会

　ミクロとマクロ，行為と構造，個（人）と全体（社会）などの範疇は社会学の基礎として非常に重要である（1章参照）．しかし，社会学の考察がこれらの範疇のみにとどまるならば，具体的な社会や個人がみえなくなる．なぜなら，人が具体的に暮らすのは個と全体の中間に無数に存在する，種々の集団や社会関係であるからである．

　たとえば，「狼に育てられた子」カマラは人間社会に連れてこられて，「人間」になった（1章3節）．しかし，カマラを人間にしたのは，具体的にはシング牧師の孤児院であった．ここでは，社会は孤児院という集団の姿で現れている．

　社会は個人を作るというが，社会一般そのものが直接個人を作るわけではない．個人を直接作るのは，家族や友人や親類や近隣や学校やサークルや職場や教会や地域社会や民族集団や同僚などの具体的集団を通してである．「非凡の人間は別として，……人間の喜びも悲しみもほとんど例外なく身近の社会集団との関係において生ずる．人間は家族生活の暗さを嘆き，友人の厚誼に喜び，隣人の非礼に怒り，同僚の慰めを求めて生きるもの（清水 1954：19）」なのである．ここから，集団の研究は社会の研究に具体性を与えるものであり，その重要性は明らかである．

　集団の研究の一例をアメリカの階級研究から引こう．シカゴにおける中層と

下層階級の子どもの養育に次のような違いが報告されている．① 中層の乳児より下層の乳児の方が，母乳だけで育てられる率が高い．② 下層の乳児の方が気ままに乳を飲ませられる．③ 下層の乳児は12ヵ月以上も母乳やミルクビンをくわえさせられるものが多い．④ 下層の子どもの方が離乳期が遅い．⑤ 大便のしつけは，中層階級の子どもの方が早く始まる．⑥ 小便のしつけも，中層階級の子どもの方が早く始まる．⑦ 中層の子どもの方が早くから家の手伝いをするように期待される．⑧ 中層の子どもの方が早くから責任をもつことを期待される．⑨ 下層の子の方が遅くまでおきていて，街にも遅くまで出ており，映画にも頻繁にいく (= 言い換えれば, 場所的時間的制限を少ししか受けていない)．

つまり「社会階級は家族をとおして人を教育する最初の機会を得る」が，「下層の子どもたちがしつけを受ける環境は，子どもたちの本源的，基本的欲求により多くの満足を与え，より安易にはけ口を与えている（Warner 1952 = 1960：56-66)」ことになる．

ここでは，子ども（個人）は家族（集団）を通して，階級（社会）に具体的に出会う．これを一般化すれば，**個人⇄集団⇄社会**という系列が設定できる．個人は集団によって社会に参加し，社会を形成し，社会は集団によって個人を統制し，形成する．言い換えれば，個人と社会は集団を媒介して対面する．

2 集団とは

では集団とは何なのか？　その定義を示せば，以下のようである．**集団**とは，① 相互作用やコミュニケーションを行っており，② 規範（や場合によっては，目的）を共有し，③「われわれ」（we というメンバーシップ）の意識をもっている，人びとのことである（Andersen and Taylor 2001：117)．あるいは，「集団とは相互に接触し，お互いのことを考慮し，かつある意味をもった共通性（commonality）を意識しているような多数の人びと（Olmstead 1959 = 1963：13)」と定義してもよい．そして，「集団の本質的特徴は，その成員が共通した何か

を有し,かつ共通に所有しているものが少しは重要であると信じられていることである(同上書)[1]」.

ただし,「共通した何か」をもつという点で集団に似ているが,集団とは異なるのが,集合 (aggregate),カテゴリー,社会的カテゴリー,オーディエンス (audience) の概念である.**集合**は,一時的に空間を共有するのみで,「われわれ」ないしメンバーシップの意識をもたない人びとをいう(例,同じ赤信号で止まった車の運転手たち).**カテゴリー**は,類似の特徴を共有するが,相互作用がほとんど認められない人びとをいう(例,身長170センチ以上の男性,メガネをかけた大学生).これらに対して,**社会的カテゴリー**は,社会生活で意味のある特徴を共有する人びとをいうが,集団に近く,場合によっては集団に転化することもある.社会的カテゴリーの例を挙げれば,若者(年齢カテゴリー),トラック運転手(職業カテゴリー),大富豪(経済カテゴリー)などである.民族・人種や性別は社会的カテゴリーだが,これらの人びとが,「われわれ」という意識を強くもつ場合は,大いにありえることであり,集団といってもよい場合もある.このように集団と社会的カテゴリーの境は,曖昧であり,程度の問題である.**オーディエンス**は同じテレビ番組をみている全国の人びとである.オーディエンスは普通の状態では集団ではない(Andersen and Taylor 2001:90; Henslin 2000:104).

社会学では,社会を3つの水準に区分する.個人間の関係(=複数個人の社会的つながり),集団(=家族から国家までの種々の集団),(全体)社会(=全体社会の構成原理や秩序などの大規模な社会的パターン)の各水準がそれである(表2-1).上記のように定義された集団は,個人間と全体社会の中間領域に膨大に存在する.

■ 3 内集団と外集団

集団を区別する時に,「おれたち」の集団なのか,「あいつら」の集団なのか

表2—1　社会の分析レベル

レベル	要　素	具体例
個人間	パターン化された相互行為 役割行動	指導者－従属者 学生－教授
集　団	第1次集団 組　織 集団関係	友人集団 大　学 労働者－経営者
社　会	大規模な社会的パターン コミュニティと社会	奴隷制度 共産主義中国

出典）Broom, Selznick, and Broom（1981＝1987：6）.

は非常に重要である．また，「おれたち」が忠誠心（loyalty）を感じる集団なのか，反目（antagonism）を感じる集団なのかも重要な区別である．社会学では，「おれたち」の集団で，かつ，忠誠心を感じる集団を**内集団**（In-Group），「あいつら」の集団で，かつ，反目を感じる集団を**外集団**（Out-Group）とよんでいる．内集団を正確に定義するのは難しい．しかし，「すべての内集団のメンバーは同じくらいの本質的意義を付して，・わ・れ・わ・れという言葉を用いている（Allport 1958＝1961：29）」．オールポート（G. W. Allport）によれば，サムというごく普通の社会人は，自分の内集団を以下のように記録した．

　　自分の父親の親戚，自分の母親の親戚，自分が育ってきた家族，自分の妻や子ども，自分の幼なじみ（今では記憶も薄い），自分の小，中学校（ただ記憶にあるというだけ），自分の高等学校（これもただ記憶にあるというだけ），自分の大学全体（時々，訪れる），自分の大学のクラス（同窓会によって強化される），自分の現在の教会員（自分が二十歳の時に移ってきた），自分の職業（強く組織され，がっちり編成されている），自分の会社（しかし，とりわけ自分の働いている職場），「仲間」（多くのレクレーションを一緒に行なう四組の夫婦の集団），世界大戦の歩兵中隊の生き残りの面々（だいぶ，ぼんやりしてきた），自分の生まれた州（わずかばかりの所属性），自分のいま住んでいる町（活発な市民精神），ニュー・イングランド地方（地域に対する忠誠心），アメリカ合衆国（まあ，ほどほどの愛国心），国際連合（原則としてはかたく信じているが，「われわれ」という言葉を使うかどうか彼には明らかでないので，心理的にはピン

とこない),スコットランド系アイルランド人系統(この血統に属する他人には,何となく近親感がある),共和党(彼は共和党大統領候補予選会の登録メンバーであるが,それ以上の所属感はほとんどない).

　このサムのリストは,もちろん,完璧なものではないが,彼の大方の内集団を示している.ただし,性(男)や人種(白人)も重要な内集団である.どの内集団が重要かは,時代とともに変化する.近代化とともに,国家や人種は重要性を増している.それに対して,家族や宗教集団や部族の重要性は減じていよう(Allport 1958 = 1961：30-34).

■4 民族的内(外)集団・道徳的錬金術・エスノセントリズム■

　内集団,外集団を考える上で,民族的な内集団・外集団は格段の注意を引いてきた.「民族的外集団とは,国籍や人種または宗教の点で,『われわれ自身』とは決定的に異なっていると考えられるすべての人びとから成り立っている.民族的外集団の反対物は,いうまでもなく『共属』している人びとの形づくる民族的内集団である(Merton 1957 = 1961：387)」.

　民族的外集団のメンバーは,何をしようと内集団のメンバーから非難にさらされる.この非難のメカニズムをマートンは**道徳的錬金術**(moral alchemy)とよんだ.その公式は「同じ行動でもそれを行なう人によって評価が異なる」あるいは「数々の賛辞と悪罵を巧みに使い分けることによって,内集団は自己の徳を外集団の悪徳にすりかえる」というものである.たとえば,同じ行動でも,内集団のエイブ・リンカーンがした場合と,外集団のエイブ・コーヘン(ユダヤ人の名前)やエイブ・クロカワ(日本人の名前)がした場合とでは,評価がまったく違うのである.内集団のエイブ・リンカーンが夜遅くまで働くのは,勤勉や不屈の意志と評価されるが,外集団のエイブ・コーヘンやエイブ・クロカワが夜遅くまで働くと,それは彼らのがむしゃら根性の現れであり,不公正

なやり方で競争をしているとみなされるのである (Merton 1957 = 1961：389-392).

さらに，自分たちの民族や国家が世界でもっとも価値があり，優秀であって，他の社会や集団は，自分たちとの差異の大きさに比例して，劣るという考え方もしばしばみられる．このような考え方を**エスノセントリズム** (ethnocentrism) という．エスノセントリズムは「われわれ集団があらゆるものの中心であり，他のすべてのことは，それとの関係で計られ，評価されるといったものの見方にたいして名づけられた述語である」．そして，「おのおのの集団は，自己のフォークウェイズを唯一の正しいものと思い，そして，もし，他の集団が他のフォークウェイズをもっていることに気づいたときには，それはそのさげすみの感情を起こさせるのである (Sumner 1906：1975：21)」．たとえば，「異教徒」や「豚を食う連中」などの表現がそれである．

かつてのハワイの日系社会では，「豚を食べる」沖縄出身の人びとを差別していたという (2003 年聞取り調査から)．ユダヤ人たちは，全人類をかれら自身 (＝選民) と異教徒に分けた．ギリシャ人やローマ人は，自分たちの仲間以外は，「野蛮人」とよんだ．アラビア人や中国人も自分自身を最も高貴な民族と考えた．またみずからの民族を「人」とよぶ例は珍しくない (本多 2001：42)．いい換えれば，他民族は「人間 (men)」以外の何者かであるとの理解もありえる (Sumner 1906 = 1975：23)[2]．かつてのアメリカの白人社会は，「生きているインディアンで善良な者はいない」と考えていた (Kroeber 1961 = 1991：90)．これらはすべて，エスノセントリズムの実例である．

エスノセントリズムは，内集団の連帯を高めるが，集団間，文化間の相互理解を阻害し，場合によってはジェノサイドを生むことすらある．エスノセントリズムとは，異文化への無知や偏見であり，自文化への盲信ないし極端な忠誠心でもある．

■5 準拠集団・社会的距離

「おれたち」の集団で,かつ,忠誠心を感じる集団を内集団,「あいつら」の集団で,かつ,反目を感じる集団を外集団とよんだ.しかし,われわれは「あいつら」の集団(＝非所属集団)に忠誠心を抱くこともあるし,「おれたち」の集団(＝所属集団)に反目を感じることもある.

たとえば,ある日系アメリカ人2世の自伝に,次の苦悩に満ちた告白がある.「ぼくは自分の中にいる日本人を殺そうと,ひたすら白人の世界に入り込もうとした.長年にわたって,これはうまくいった.白人社会で成功することができたし,受け入れられもした.時にはあまりにも白人になった気でいて,鏡を見て,向こうから日本人が睨み返しているので驚くほどだった(Oishi 1988 = 1989：245)」.ここにあるのは,白人の世界という非所属集団に入りたいという願望による,「おれたち」の集団(つまり,所属集団である日本人)の否認,つまり自己嫌悪である.

このような状況を説明するために,準拠集団(reference group)という概念は有益である.**準拠集団**とは「何がよいか悪いか,何が優れているかいないかを決める際,私たちがその規範や価値を利用する集団のことである(Goode 1977 = 1982：253)」.あるいは,「人が自分の志望,判断,嗜好,さらにはもっとも内奥の道徳的ないし社会的価値までをも,それに基づいて方向づけるような,社会集合である(Nisbet 1970 = 1977：248)」.

準拠集団は普通,所属集団と一致する.たとえば,自分の民族を自分の準拠集団とすることは非常に多い.しかし,私たちは時に,自分が所属していない集団を自分の準拠集団にすることがある.上に紹介した日系アメリカ人2世は「白人の世界」を準拠集団にしているが,もちろん,彼は白人ではない.このように考えると,準拠集団には2つのパターンがある.所属集団が準拠集団になる場合と,「個人が包含されたいと願っている非所属集団」が準拠集団になる場合が,それである(Allport 1958 = 1961：34).

では,「どんな条件の場合に自分らの所属する集団が,……準拠枠としてとられるのか,またどんな条件の場合に外集団または非所属集団が,重要な準拠枠となるのか (Merton 1957 = 1961：214)」. これは準拠集団論の重要テーマである. 人が所属集団の与える基準で行動するというのは確かである. これは準拠集団論以前にも問題にされてきた. これに対して,準拠集団論が提起した新しい問題は, 人は非所属集団をいかにして準拠集団にするかという課題である.

　この課題は, 充分に解明されているとはいい難い. しかし, 総じていえば, 準拠集団として選ばれる集団は地位の高い集団である. このことを示すのが, アメリカで実施されたボダーガスによる社会的距離に関する調査研究である. **社会的距離**とは, ある民族が他の民族に対してもつ親密さや理解の程度を意味する (Park 1950：256-260).

　ボダーガスの調査は, 下記のどの段階ならいろいろの民族集団を受け入れてよいかを尋ねたものである. ①結婚によって密接な親類関係を結んでよい. ②個人的な親友として私のクラブに入れてよい. ③隣人づきあいをしてよい. ④私と同じ職についてよい. ⑤私の国の市民になってよい. ⑥私の国への訪問者としてだけならよい. ⑦私の国から排斥したい.

　調査の結果,「結婚によって親類関係になってよい」と答えられた比率は, イギリス人93.7%, カナダ人86.9%で, これらの両民族は最小の社会的距離をもっていた. これに対して, 日本人2.3%, フィリピン人1.6%, トルコ人・黒人1.4%, 中国人・インド人・朝鮮人1.1%で, これらの民族が最大の社会的距離をもっていた (清水 1958：192). この社会的距離の調査結果でもっとも興味深いのは, 収入, 地域, 教育程度, 職業, 民族集団にかかわらず, 回答パターンがほぼ同じということである.「この結果からみて, 民族的少数者集団のメンバーも, 優位な多数者集団と同じ仕方で自分の態度を形成する傾向があると結論せざるを得ない, いい換えれば, 優位な多数者集団は少数者集団のメンバーにとって準拠集団なのである (Allport 1958 = 1961：36)」.

　以上, 高い地位の優位な集団が準拠集団に選ばれやすいことをみた. この知

見は相当，古いものである（調査結果は1928年刊行）．しかし，今日でも大筋は変わっていないだろう．ただし，時には逆のパターンがあるのかもしれない．優位な集団の一部が，社会的マイノリティに準拠集団をおくのである（Goode 1977 = 1982：255）[3]．

■ 6 大きな集団と小さな集団

　さて次に重要な区別は，大きな集団と小さな集団の区別である．集団の規模（＝人数）は集団の形成の仕方や集団メンバーの意識や行動に大きな違いをもたらす．この「大きな集団と小さな集団」（集団の量的規定）という問題は，ドイツの社会学者ジンメル（G. Simmel）によって提起された．ジンメルによれば，**小集団**はそこでしかもちえない独特な性質をもち，**大集団**は自らを維持するために，小集団には必要なかった種々の形式や機関を発達させる．ここではまず，2人集団と3人（以上）集団についての考察からみていこう．

　2人集団（dyad）には，夫婦，友人，恋人などが含まれる．2人集団は親密性をもっとも強く感じる集団であり，人間にとって非常に重要である．人間は2人集団から離脱した時に，もっとも強く「孤独」（＝親密で満足できる2人集団からの離脱の場合）や「自由」（＝息苦しい2人集団からの離脱の場合）を感じる．

　2人集団の特色は，「2人のそれぞれは，まさしくたんに互いに他者とのみ向かい合い，彼らをこえた集合体と向かい合っているのではない」という点にある．ここから，2人集団のメンバーには，3人以上の集団にはみることのできない深い親密性が生じる．眼差しやジェスチャーなどの微細なコミュニケーションが生まれるのも2人集団において顕著である．したがって2人集団において，愛情，理解，信頼，献身などの感情がもっとも高まるのである．しかし同じ理由から，憎悪，嫉妬，不信，裏切られたという感情なども現れる．

　また，2人集団は一方の成員の離脱で死滅（消滅）する集団でもある．これ

は3人以上の集団との大きな違いである．ここから2人集団には「終焉の表象」や「危険にさらされてかけがえがないという音調」がつきまとい，終焉や悲哀の感情が生み出される．これについては，ジンメルが紹介する「こわれた皿の結社」の逸話を是非，参照して欲しい（Simmel 1908 = 1994：95-96）．

2人集団は個人的，直接的な団結で成り立っているという小集団の特性をあますところなく示す．この特徴のゆえに，小集団でのみ社会主義的な秩序は可能であった（大集団での社会主義は常に挫折してきた）．また，小集団でのみ厳格な宗教教団も可能であった．さらに貴族的な団体は小集団でしか成り立たないし，小さな党派において急進主義はより一般にみることができる．これに対して，「大きな圏は，小さな圏に固有の個人的かつ直接的な団結の代償を，その独特の構成によって作り出す」．この目的のために生じたのが役職と代表であり，集団の法規と象徴であり，組織の一般概念である．すなわち，「人間と人間との関係は，小さな圏の生活原理をなし，客観的・抽象的な規範のもつ冷淡には耐ええない．ところが大きな圏は，この規範がなければ存続できない」のである（Simmel 1908 = 1994：67-68）[4]．

7 第一次集団の意味

小集団の研究はジンメルの論考に始まるが，もうひとつ重要な淵源がある．アメリカの社会学者クーリー（C. H. Cooley）による第一次集団（primary group）と第二次集団（secondary group）のアイデアがそれである．クーリーは第二次集団という用語は使っていないが，彼が考えていたことを示す適切な用語として，今日では広く採用されているので，ここでも第二次集団という言葉を使うことにする．

ほぼ同様の区別を，ドイツの社会学者テンニースはゲマインシャフトとゲゼルシャフトとよんだが，社会集団には2つのタイプがある．**小規模で親密な集団**と**大規模でインパーソナルな集団**がそれである．ここで小規模とは何人で，

大規模とは何人のことをいうのかといえば，明確な基準があるわけではない．ただし，「親密」な集団を形成するには，成員数には上限があるだろう[5]．逆にいえば，前節末のジンメルの引用にあるように，ある人数以下の小集団は成員の親密性のゆえに，「客観的・抽象的な規範のもつ冷淡」（つまりインパーソナルな規則）には耐ええない．

では第一次集団とはどのように定義されるのか．クーリーの古典的定義によれば，以下のようである．「私が意味する第一次集団とは，親密で対面的な結合と協力によって特徴づけられた集団である．それらはいくつかの意味において第一次的であるが，主として個人の社会性と理想を形成する上で基本的であるという点において第一次的である．親密な結びつきの結果，心理学的には，諸個人が一つの共通した全体に何らかの形で融合するにいたるのである．したがって，個人の自我そのものが，少なくともその多くの目的に関して，集団の共同生活や共同目標に一致したものとなる．このような全体をもっとも簡単に表現すれば，それは一種のwe（われわれ）ということになろう．そこには一種の同情と相互同一視とが含まれており，それは『われわれ』とよぶのがふさわしい（Cooley 1909 = 1970：24）」．

クーリーの定義より，第一次集団とは，親密で対面的，個人の全体への融合，われわれ意識，同情と相互同一視といった特徴をもつ集団であることがわかる．クーリーは家族，子どもたちの遊び仲間（play-group），近隣（neighborhood），大人たちの地域集団（community group）を第一次集団の例に挙げている．クーリーによれば第一次集団においてこそ，個人の社会性や理想が形成されるという．たとえば，「親密な結びつきは貪欲をしずめる力をもつ．ふつうの人は自分の家族や親しい友人に対して貪欲になることはめったにありえないだろう（同上書：35）」．愛，自由，正義などの観念は，家族や遊戯集団からえられたものなのである．

■ 8 第一次集団と第二次集団の対比

　クーリーの考察に示唆されて，第一次集団と第二次集団を対比したのがデービス（K. Davis）である．デービスは表２−２を示して，両者の違いを体系的に示している．まず，**第一次集団**は，① 成員が空間的に近接していること（空間的近接性），② 少人数であること（小規模性），③ 結びつきが長期に継続すること（持続性），という３つの物理的条件のもとで発生しやすい．これに対して，第二次集団は逆で，④ 空間的遠距離性，⑤ 大規模性，⑥ 結びつきの短期性，という条件のもとで発生しやすい．この両集団を生み出す条件の違いは，大学のゼミと大講義室の授業をくらべてみればわかりやすいだろう．ゼミでの付き合いは，①②③の条件のゆえに，親密で深い関係が生み出されうる．これに対して大講義室では，④⑤⑥の条件のゆえに，親密な関係は生まれにくい．大講義室での学生と教師との関係は，端的にいえば，学籍番号（や試験の答案）と教師の関係にすぎないが，ゼミではそうではないだろう．

　では第一次集団と第二次集団で人間関係はどのように異なるのか．第一次集団での人間関係は，**第一次的関係**とよばれる以下の特徴をもつ（Davis 1948 = 1985：13−44）．

A．目的の共同性……第一次関係では，自分の目的として，他者と共通の目的を求める．また自分の目的が他者の幸福を追求することである場合もある．子どもの幸せを望む親，教え子の成長を喜ぶ教師，自分の将来を心配して忠告してくれる友人などがそれである．車の買い替えを勧めるセールスマンと顧客の関係（第二次関係）には，このような性質はみられない．セールスマンは高く売りたい，顧客は安く買いたいのである．

B．関係の自己目的性……第一次関係では，関係は手段ではなく，それ自体が目的である．たとえば，友情はそれ自体が目的であり，物を売りつけるための友情（手段としての友情）は，友情とはよばない．

C．関係の個人的性格……第一次関係は，特定の個人と特定の個人との関係

表2—2　一次的および二次的関係

	物理的条件	社会的特徴	関係の例	集団の例
一次的	空間的近接性 小数(小規模) 長期存続	目的の共同性 関係の内在的評価 他人の内在的評価 他人についての全人格知識 自由と自発性の感じ インフォーマルな統制の実施	友人（関係） 夫婦（関係） 親子（関係） 師弟（関係）	遊び集団 家族 村落又は近隣 仕事のための小集団
二次的	空間的隔離 多数(大規模) 短期存続	目的の不一致 関係の外在的評価 他人の外在的評価 他人についての部分的・限定的知識 外的拘束の感じ フォーマルな統制の実施	社員－顧客 アナウンサー－聴取者 演技者－観客 役員－部下 著者－読者	国家 事務のための階層組織 学会 会社法人

出典）Davis（1948＝1985：42）．

であり，特定の人が去れば，その関係は消滅する．恋人同士の関係（ロミオとジュリエット）がその例である．車はAさんから買ってもよいし，Bさんから買ってもよい．しかし，ロミオとジュリエットの関係は，他の人間におき換え不可能な性質（パーソナルな性質）をもつ．

D．関係の包括性……第一次関係は，全人格と全人格の総体的関係である．いい換えれば，人格の一側面や一活動と取り結ぶ関係（車のセールスマンと顧客）ではない．

E．関係の自発性……第一次関係は，完全に自発的である．「自発的」に結ぶ関係に契約もあるが，これは目的のための手段であって，第二次関係である．しかも契約の履行は強制される．これに対して，ただ結びつきたいという理由のみで結びついている友人は，完全に自発的な関係で，第一次関係の典型である．

第一次関係，第二次関係とほぼ同義の概念に共同的社会関係（Vergemeinschaftung）と利益的社会関係（Vergesellschaftung）がある（Weber 1972：66-70）．メン

バーの主観的一体感に基づくのが共同的社会関係であり，利害の均衡や一致によるのが利益的社会関係である．前者の典型は家族や民族共同体や恋愛関係，後者の典型は契約である．

9 第二次集団・組織

第二次集団は第一次集団の特徴をひっくり返したものである．第二次集団での人間関係（＝第二次関係）は，目的は不一致的であり，自己目的的でなく（手段的），個人的性格をもたず（インパーソナル），包括的でもない（一面的・皮相的である）．**第二次関係**の典型は契約関係である．契約の当事者は，自らの目的にのみ関心をもつ．また，当事者が何を，どのような条件で成すべきか，すべて契約条項に記載されており，それ以外の配慮は不必要である．契約は当事者それぞれの目的のための，合理的な手段なのであり，契約自体が目的ではない．これに対して，第一次関係の典型は，ただ結びつきたいがゆえに結びついている友人である．友人関係は手段でないし，自らの目的のみに関心をもつわけでもない．

ところで第二次集団の多くは組織とよばれる集団である（表2-2の具体例参照）．**組織**（organization）とは，「特定の目的を達成するために諸個人の活動を統整するシステム（塩原 1981：12）」とか，「意識的に調整された人間の活動や諸力の体系（Barnard 1938：＝1968：75）」と定義される．このように定義すると，「1人が号令をかけて一緒に石を押している2人の個人（塩原 1981：12）」も組織ということになる．その意味では，組織は太古の昔からわれわれの生活に不可欠の集団であった．

しかし，社会学で組織という時に主に想起されるのは，企業や官庁や政党や学校や労働組合や大規模病院などであり，**公式組織**（formal organization）とよばれるものである．公式組織は，① 特定の機能を達成することを目的とした機能集団であり（機能集団），② その集団の内部に制度化された分業関係およ

び制度化された支配関係をもつ（分業・支配関係の制度化）（富永 1996：126-129）．また，③明確な規則をもっており，それは通常，規則集のような形で明文化されており，それによってすべてのことがらが実施され（規則の存在），④ひとたび組織が結成されれば，それは独立した存在になる（独立性），という特徴をもつ（Goode 1977 = 1982：295-297）．

これらの特徴の内で特に重要なのは③である．組織の創始者や管理者ですら規則にしたがっており，規則（集）をもたない公式組織はありえない．またその規則の中には，通常，①や②の事項も書き込まれている．さらに④も非常に重要で，組織の存続は創始者の生命よりも長く続くことはよくある．組織は独立した存在で，それ自体の資産や人材や会計や理念や歴史をもつ．

10 第一次集団・組織・官僚制

組織は過去のどの社会よりも今日において隆盛をきわめている．組織の多くは近代化以降に発生したものであり，太古からの歴史をもつ古い集団ではない．組織を最初に学問的な問題として取り上げたのは，ウェーバーである（Pugh and Hickson 2000 = 2003：7）．

ウェーバー（M. Weber）は**官僚制**（Bureaucracy）という用語を用いたが，ブラウ（1958：10）の整理にしたがえば，それは次の4つの基本的特徴をもつ．

① 「組織のために必要な正規の活動は，一定の職務として配分される」（専門化）．
② 「職務機関の組織はヒエラルヒーの原理にしたがう．すなわち，各下級機関は上級機関の統制と監督のもとにおかれる」（権限のヒエラルヒー）．
③ 「運用は抽象的な規則の……個々の事例への適用という形をとる」（規則の体系）．
④ 「理念型としての職員は，……形式主義的な非情性という精神において，すなわち憎しみも愛もなく，かくて愛着も熱意もなしにその職務を行な

う」(非情性).

これに加えて,以下の5項目も官僚制の特色として重要である.⑤「官僚制組織の身分採用は専門的な資格に基づいて行われ,恣意的な解職から保護されている」⑥「職員は有給で専任である」⑦「職員の組織内での業務遂行と組織外での生活とは分離されている」⑧「組織の成員は誰でも,自分が仕事で使用する物的資源を私有することはない」⑨「官僚制は純技術的な観点からは高度の能率に達するということが,一般的な傾向として経験によりしめされている」つまり,「完成した官僚制的な機構とそうでない組織とを比較すると,まさに機械的生産様式と非機械的生産様式とを比較するようなものである」(Blau 1956 = 1958:21-28;Giddens 1989 = 1992:291).

ウェーバーの描いた官僚制は純粋型であり,このような組織がそのまま存在するわけではない.同じように先の第二次集団も純粋型であり,そのような集団がそのままの形で存在するわけではない.これらの組織は規則で動くが,組織のメンバーが規則を支持するには,正義や公正や正直や礼儀や愛情や親切などの感情的基盤が必要である.このような感情的基盤は「規則」や「契約」のみから生み出されない.規則を破ることにまったくためらいを感じない人間に組織の規則を順守させるのは,おそらく不可能である.

この感情的基盤は第一次集団や第一次関係に基盤をもつものであり,そこにおいて更新され強化されるものである.「われわれがこれまで社会制度に適用し続けてきた愛,自由,正義などの観念はどこから得たものなのだろうか.それはたしかに抽象的な哲学からでなく,家族や遊戯集団といった,単純な広範にみられる形態の社会における実際の生活からなのである(Cooley 1909 = 1970:32)」.さらに組織はメンバーからの貢献や忠誠や愛着や一体感などの感情も必要とする.これらの感情も規則や契約やインパーソナルな統制のみから生み出されるわけではない.ここにおいても第一次集団は重要である.

つまり第二次集団(公式組織や官僚制)を維持するには,第二次集団のみでは完結できない.このことを明確に指摘したのはデービスである.彼の卓抜な

表現を引いておく。「忠誠とか一体化という態度は自動的に生じるものではない。それは個人相互のコミュニケーション，特に親密で個人的な関係を通して生まれるようなコミュニケーションの結果として生じる。このような理由によって，第一次集団は大きな第二次集団の存在にとって不可欠なものである。個人がその発達段階において，みずからを他人と同一視して他人の態度を受け継ぐのは，第一次集団においてである。第一次集団において，個人は，愛情，自由，正義，作法など，後に第二次集団において発露される情緒を修得する。……このような第一次集団がなければ，大きな第二次集団は根のない樹木のようなもので，みずからの重みで倒れるであろう（Davis 1948 = 1985 : 38-39）」。

■11 集団の発見，集団の機能・逆機能

　カッツとラザースフェルト（1965）によって，「**第一次集団の発見**」とよばれた，一連の研究がある。マスコミや工場や都市や軍隊の研究で期せずして，第一次集団を発見したのである。そして「発見されたのは，ただ単に第一次集団が存在しているという事実なのではない。……一次集団が大量生産や戦闘意欲や階級的地位や社会移動やコミュニケーション行動に対して……関連をもっているという事実である（Katz and Lazarsfeld 1955 = 1965 : 30）」。

　たとえば，アメリカ兵の研究では，戦友を危険から守ろうという気持ちや所属中隊への忠誠心などの第一次集団（一次関係）と結びついた観念が戦闘意欲を支えていた。敵に対する憎しみや政治的・イデオロギー的な戦争目的や上官からの公的命令や軍規上の強制などよりも，第一次集団によって引き起こされる動機の方が重要であった。また，マスコミの影響力の研究からは，「**コミュニケーションの2段の流れ**」という仮説が提起された。「いろいろな観念はラジオや印刷物からオピニオン・リーダーに流れ，そして彼らから活動性のもっと少ない人々に流れてゆくことが多い（同上書 : 21）」のである。したがって，マスメディアからの刺激と人びとの意志決定の間には，媒介要因としての

表2—3 第一次集団と非第一次集団（官僚制）の課題遂行のレベル

局面	核家族	親族	近隣	友人	非第一次集団（官僚制など）
対面接触	高	低	高	低	極低
関係永続性	高	高	低	中	極低
機能多面性	高	中	中	中	極低
情緒性	高	中	中	高	極低
個別性	高	中	中	中	極低
人的資源	低	高	高	高	極高

出典）Litwak and Szelenyi（1969：471）.

"人びと"がいる．

このように現代社会においても第一次集団の意味は大きい．リトワークらによれば，第一次集団（家族，親族，近隣，友人）と非第一次集団（官僚制的組織）には表2—3に示したような機能の分化がある．一次集団は成員の発達（知的・情緒的）の場を提供し，親密さと情緒的反応の機会を提供することで，個人の精神生活で重要な役割を演ずる．

しかし，他方で**集団の逆機能**も指摘される．集団は個人を抑制し，窒息させる場合もある（Olmstead 1959 ＝ 1963：53-59）．この逆機能の実験的再現が，アッシュの集団圧力実験（人間の判断は集団圧力に屈するものだ）やミルグラムのアイヒマン実験（人間は命令されれば，残忍な行為も行うものだ）である（Asch 1951；Milgram 1965；1974）．

ジンメルは「集団への包摂は，しばしば個人にとっては実際の人格価値の低下を必然的にともなう」と主張した．このような事態は群衆の中の個人にみられるが，それのみとは限らない．「共同社会の真の利益もしくは表向きの利益が，個人としては責任を負おうとはしない行為をする権利を彼に与え，あるいはそれを義務づける」からである．

したがって，「経済的な結合がきわめて恥知らずな利己主義を要求し，官僚界がはなはだしい権利濫用を許し，政治団体および学術団体が個人の権利に対して憎むべき抑圧を行う．―これらは個人にとっては，彼が人格として責任を

負うべき場合にはとうてい不可能であろうし,あるいは少なくとも彼を思わず赤面させるであろう.しかし彼は団体の成員としてなら,このすべてをまったく良心に恥じることなく行う.何故なら団体成員としての彼は匿名であり,しかも総体によって庇護されていると感じ,それどころかいわば隠蔽されているとさえ感じ,さらに少なくとも形式的には総体の利益を代表していると思うからである(Simmel 1908 = 1994:105 - 106)」.ジンメルの警告は現代でも有効である[6].

注)……………………………………………………………………

1) 集団の定義をもうひとつ紹介しておく.こちらの定義も明晰であり,集団の概念を理解するには有益である.「社会集団とは,複数の行為者間に持続的な相互行為の累積があることによって成員と非成員との境界がはっきり識別されており,また内と外とを区別する共属感情が共有されているような,行為者の集まりをさします(富永 1996:69)」.
2) この問題は非常に微妙で難しい.たとえば,アイヌ民族のアイヌは「人間」という意味だが,和人としての日本人は「シサム」(隣人)とよばれる.しかし,「シャモ」という言葉もあり,これには軽蔑の意味が込められることが多い(本多 2001:45;350).
3) 「たとえば,今日の多くの文芸作家は社会学の研究者と同様,社会の犠牲者や敗残者,不利な立場におかれた人たちの擁護者であろうとしている.同じ職業の相当の地位にある人々の尊敬を得るよりは,むしろそうした人々の尊敬を得ることを望んでいるのである(Goode 1977 = 1982:255)」.
4) 本節のジンメル小集団論の理解には,Nisbet(1970 = 1977)第5章に負う部分がある.
5) 小集団とは何人くらいの集団をいうのか.これを厳密に決めることはもちろんできないが,およそ20人が上限,2人が下限だろうという説がある.また,小集団のもっとも適切なサイズは7人であるともいわれる(Olmstead 1959 = 1963:13).アッシュの実験では,集団圧力を個人に効果的に及ぼすにはサクラは3人で充分であり,4人,8人,それ以上と増やしても効果は変わらなかった(Asch 1951 = 1959 = 1987).
6) 企業や官庁などの組織犯罪や不正行為は,ジンメルの警告の正しさを例示するものである.

参考文献）

Allport, G. W., 1958, *The Nature of Prejudice*, Doubleday and Company.（= 1961, 原谷達夫ほか訳『偏見の心理（上巻）』培風館）.

Andersen, M. L. and H. F. Taylor, 2001, *Sociology : The Essentials*, Wadsworth.

Asch, S. E., 1951, *Effects Group Pressure upon the Modification and Distortion of Judgment.* In H. Guetzkow（ed.）Groups, Leadership and Men, Carnegie Press.（= 1959, 1987,「集団圧力が判断の修正とゆがみに及ぼす効果」三隅二不二ほか訳『グループ・ダイナミックスⅠ』誠信書房：227-240. 斉藤勇編『対人社会心理学重要研究集1』誠信書房：70-72）.

Barnard, C. I., 1938, *The Functions of the Executive*, Harvard University Press.（= 1968, 山本安次郎ほか訳『新訳 経営者の役割』ダイヤモンド社）.

Blau, P. M., 1956, *Bureaucracy in Modern Society*, Random House.（= 1958, 阿部莫二訳『現代社会の官僚制』岩波書店）.

Broom, L., Selznick, S. and D. H. Broom, 1981, *Sociology : A Text with Adapted Readings*, Harper and Row.（= 1987, 今田高俊監訳『社会学』ハーベスト社）.

Cooley, C. H., 1909, *Social Organization : A Study of the Larger Mind*, Charles Scribner's Sons.（= 1970, 大橋幸ほか訳『社会組織論』青木書店）.

Davis, K., 1948, *Human Society*, Macmillan.（= 1985, 渡瀬浩監訳『人間社会論』晃洋書房）.

Giddens, A., 1989, *Sociology*, Polity Press.（= 1992, 松尾精文ほか訳『社会学（改訂新版）而立書房）.

Goode, W. J., 1977, *Principles of Sociology*, McGraw-Hill.（= 1982, 松尾精文訳『社会学の基本的な考え方』而立書房）.

Henslin, J. M., 2000, *Essentials of Sociology : A Down-to-Earth Approach*, Allyn and Bacon.

本多勝一, 2001,『アイヌ民族』朝日文庫.

Katz, E. and P. F. Lazarsfeld, 1955, *Personal Influence : The Part Played by People in the Flow of Mass Communications*, The Free Press.（= 1965, 竹内郁郎訳『パーソナル・インフルエンス——オピニオン・リーダーと人びとの意思決定——』培風館）.

Kroeber, T., 1961, *Ishi in Two Worlds : A Biography of the Last Wild Indian in North America*, University of California Press.（= 1991, 行方昭夫訳『イシ——北米最後の野生インディアン——』岩波書店）.

Litwak, E. and I. Szelenyi, 1969, "Primary Group Structures and Their Functions : Kin, Neighbors, and Friends", *American Sociological Review*, 34（4）：465-481.

Milgram, S., 1965, "Some Conditions of Obedience and Disobedience to Authority",

Human Relations, 18:57-76.（=1987, 「権威に服従するときと不服従のとき：その諸条件」斉藤勇編『対人社会心理学重要研究集1』誠信書房：85-88）.

———, 1974, *Obedience to Authority : An Experimental View*, Harper & Row.（=1980, 岸田秀訳『服従の心理——アイヒマン実験——』河出書房新社）.

Merton, R. K., 1957, *Social Theory and Social Structure*, The Free Press.（=1961, 森東吾ほか訳『社会理論と社会構造』みすず書房）.

Nisbet, R. A., 1970, *The Social Bond : An Introduction to the Study of Society*, Alfred A. Knopf.（=1977, 南博訳『現代社会学入門（一）』講談社学術文庫）.

Oishi, G., 1988, *In Search of Hiroshi*, Charles E. Tuttle Company.（=1989, 染矢清一郎訳『引き裂かれたアイデンティティ——ある日系ジャーナリストの半生——』岩波書店）.

Olmstead, M. S., 1959, *The Small Group*, Random House.（=1963, 馬場明男ほか訳『小集団の社会学』誠信書房）.

Park, R. E., 1950, *Race and Culture*, The Free Press.

Pugh, D. S. and D. J. Hickson, 2000, *Great Writers on Organization : The Second Omnibus Edition*, Penguin Books.（=2003, 北野利信訳『現代組織学説の偉人たち』有斐閣）.

清水幾太郎, 1954, 『社会的人間論』角川文庫.

———, 1958, 「日本人」『現代知性全集（12）清水幾太郎集』日本書房：191-207.

Simmel, G., 1908, *Soziologie*, Duncker & Humblot.（=1994, 居安正訳『社会学——社会化の諸形式についての研究（上）』白水社）.

塩原勉, 1981, 「集団と組織」安田三郎ほか編『基礎社会学　第Ⅲ巻　社会集団』東洋経済新報社：2-16.

Sumner, W. G., 1906, *Folkways*, Ginn & Co.（=1975, 青柳清孝ほか訳『フォークウェイズ』青木書店）.

富永健一, 1996, 『近代化の理論——近代における西洋と東洋——』講談社学術文庫.

Warner, W. L., 1952, *Structure of American Life*, Edinburgh University Press.（=1960, 島澄訳『現代社会人類学入門』世界書院）.

Weber, M., 1922, *Soziologische Grundbegriffe*, J. C. B. Mohr.（=1972, 清水幾太郎訳『社会学の根本概念』岩波文庫）.

自習のための文献案内

① R. A. ニスベット, 1977, 南博訳『現代社会学入門』講談社学術文庫
② W. J. グード, 1982, 松尾精文訳『社会学の基本的な考え方』而立書房
③ M. S. オルムステッド, 1963, 馬場明男ほか訳『小集団の社会学』誠信書房
④ W. J. H. スプロット, 1961, 阿閉吉男ほか訳『人間集団』誠信書房

⑤ A. ギデンズ,1992,松尾精文ほか訳『社会学(改訂新版)』而立書房
⑥ 田野崎昭夫,1980,『現代の社会集団』誠信書房
⑦ D. S. ピュー,D. J. ヒクソン,2003,北野利信訳『現代組織学説の偉人たち』有斐閣

　集団や組織を学ぶには,単行本はとぼしいが,社会学の多くのテキストで集団や組織にふれた章があり,その中にはよいものが多い.①の第5章「社会集合」は集団論のアウトラインを学ぶには好適.②の第6章「社会集団」,第7章「フォーマルな組織」も非常によい.③④は定評あるテキストブック.絶版なのが残念だが,古書店や図書館で入手して読んで欲しい.⑤の第9章「集団と組織」は本章ではふれられなかった,収容施設型組織や日本の企業組織などについての論及も含み有益.⑥はこの分野では数少ない,日本人社会学者による単著.⑦は主要な欧米組織学説を見渡すのに好適.ペンギン文庫からの翻訳だが,原著は40年にわたって読みつがれている好著.

3章 家　　族

―― その普遍性・多様性・現代性 ――

▪1 家族の重要性

　家族は人間にとってきわめて大切な集団である．家族の重要性を示すデータを3つ示そう．まずひとつは，家族外生活者とよばれる人びとの割合である．**家族外生活者**とは，生活の主要部分が家族ネットワークの外部にある人びとのことである．操作的には，「親族と同居せず，したがって日常的な生活共同をもたない人びと，つまり親族世帯をなさない人びと」と規定される（森岡 1993：113-114）．この規定にしたがえば，2000年の日本の家族外生活者は12.2%となる（表3－1の①以外の数字）．家族外生活者の割合は，1920年12.0%，1960年7.4%，1970年8.3%，1980年7.7%，1990年9.3%であった（森岡

表3－1　家族内・家族外生活者人口（1,000人）・割合（2000年）

①住居と生計をともにしている人びとの集まりで，親族世帯	111,424（87.8%）
②住居と生計をともにしている人びとの集まりで，非親族世帯	389（0.3%）
③一戸を構えて住んでいる単身者（＝単独世帯）	11,641（9.2%）
④間借り・下宿・会社の独身寮などの単身者（＝一人の準世帯）	1,270（1.0%）
⑤施設等の世帯（＝寮の学生・病院入院者・社会施設入所者・自衛隊営舎内居住者・矯正施設入居者等）	1,973（1.6%）

出典）総務庁統計局『国勢調査報告』．

1993：118-119）．この数字をみる限り，2000年の家族外生活者の比率は高い．また，1960年以降，家族外生活者の増大傾向があるものとも思われる．ただし，近年，家族の変動とか，多様化ということがいわれるが，ほとんどの人（87.8％）が家族との「日常的な生活共同」の中で生きていることには変わりない[1]．

　次にみるのは**生活の充実感**に関する意識調査の結果である（表3－2）．調査では「日頃の生活の中で充実感を感じるのは，主にどのような時ですか．いくつでもあげて下さい」と尋ねているが，「充実感を感じる時」には，「家族団らんの時」がもっとも多く選ばれている．ついで「ゆったりと休養している時」が選ばれたが，この答えも，「家族」に関わる部分がある．「ゆったりとした休養」は，家族とともに，あるいは，家族のいる所でとられることも多いと思われるからである．この質問文を用いた，ほぼ同じ調査は1975年以来繰り返し（29回）実施されているが，「家族団らんの時」は常に40％以上の回答を得てトップである（月刊世論調査，平成16年11月号，参照）．家族が人びとの生き甲斐の

表3－2　充実感を感じる時

家族団らんの時	45.0％
ゆったりと休養している時	40.4％
友人や知人と会合・雑談している時	39.9％
趣味やスポーツに熱中している時	37.9％
仕事に打ち込んでいる時	30.3％
勉強や教養などに身を入れている時	10.5％
社会奉仕や社会活動をしている時	7.3％
その他	0.7％
分からない	2.0％

　注）2004年調査実施．母集団は全国20歳以上の者．標本人数10,000，有効回収7,005人．日頃の生活の中で充実感を，「十分感じている」9.2％，「まあ感じている」57.9％，「あまり感じていない」22.7％，「どちらともいえない」2.3％と答えた者に質問をした．「ほとんど（まったく）感じていない」7.0％，「わからない」0.9％と答えた者には質問していない．
出典）月刊世論調査（平成16年11月号）．

中核にあることを示すものと考えられよう。まさに「家族は，自己充足と情緒的満足へのきわめて大きな期待がかけられている場所である（Berger and Berger 1972 = 1979 : 95）」．

さらにこの意識調査の知見と一致するのが，**自殺と家族**の関係である．ここではもっとも自殺率の高い，50代以降の自殺率と婚姻上の地位の関係を表3-3に示しておく．これによれば有配偶の自殺率が常にもっとも低い．この関係は，デュルケームの『自殺論』で指摘されたが，現在でもなお，ほぼ通文化的な事実である．ここからも家族（有配偶）という存在が自殺を抑止しており，人びとに生きる意味を与えていることが推測される．以上，家族の重要性について，3つのデータからふれた．

表3-3 自殺率（人口10万対）と婚姻上の地位（2000年）

	男・50代	男・60以上	女・50代	女・60以上
総　数	65.5	50.4	17.3	24.0
有配偶	47.5	39.6	13.6	17.9
未　婚	123.2	130.4	37.1	30.9
死　別	155.2	93.5	25.6	31.1
離　別	260.0	183.7	40.0	37.0

出典）厚生労働省『自殺死亡統計の概況』．

2 家族の多様性

家族が重要であるのは人類共通だが，家族の形態はまさに多様である．たとえば，マードック（G. P. Murdock）は「通文化的サーベイ」という方法で世界各地の家族データを分析した．それによれば，家族構成には3つのタイプがある．すなわち，核家族，複婚家族，拡大家族という有名な3類型がそれである（ただし，複婚家族と拡大家族を合わせて，複合家族と総称する場合もある）．

核家族は典型的には，「1組の夫婦とその子どもたちからなっている」．**複婚**

家族は「1人の共通した配偶者を通して結ばれた，いくつかの核家族からなっている」．つまり，一夫多妻，一妻多夫の家族形態である．**拡大家族**は「親と子，あるいは2人のきょうだいのように，血縁的な親族関係で結ばれた，2つまたはそれ以上の核家族を含んでいる」．

なお，マードックの家族データで結婚制度をみると，一夫多妻制を認める社会が193（81％），一妻多夫制を認める社会が2（1％），単婚（一夫一婦制）が43（18％）となる（Murdock 1949 = 1986：23-51）．われわれ現代人の多くは一夫一婦制の社会に住み，核家族に暮らすことが多いだろう．しかし，マードックのファイルは，われわれの家族が世界の標準というわけではけっしてないことを示している．

このように**家族の多様性**をみようとすれば，家族を何らかの視点や基準で類型化することが求められる．その類型化の視点や基準は，下記のようにさまざまある（Davis 1966：414-416）．

1．夫婦関係（Marital Relation）
  A　配偶者の数……一夫一婦，一夫多妻，一妻多夫
  B　配偶者の種類……結婚，内縁
  C　権威の程度……平等，父権的，母権的
  D　絆の強さ……一時的，ゆるい（離婚簡単），壊れない（離婚禁止）
  E　再婚可能性……配偶者の死や離婚の後の再婚禁止，再婚は自由放任，再婚は義務
  F　結婚……早婚（幼児結婚），晩婚
  G　配偶者選択
    G-1　誰が配偶者選択を決めるか……若者による自由選択（courtship），両親によってコントロールされた選択
    G-2　選択の基礎（内婚制，外婚制）……親族，カースト，階級，地域，宗教
  H　結婚時の交換……花嫁側への結納金（brideprice），花婿側への持参金（groom-price），対等の交換
  I　結婚後の居住……母方居住，父方居住，独立居住

2. 親子関係 (Parent - Child)
   A 子ども数……多産，少産
   B 親の権威の強さ
   C 親が権威をもつ期間……親の死まで，親の引退まで，いくつかの決められた時期（たとえば，思春期まで，子どもの結婚）まで
   D 子どもの処置はどのようか……親の死亡の時，両親離婚の時，非嫡出な誕生の後
   E 非嫡出をどうあつかうか……認知されている非嫡出の類型，責任の配分はいかに，正統化の可能性はあるか
   F 系譜のタイプ……母系，父系
   G 相続のタイプ……遺言による，遺言によらない

3. 兄弟姉妹関係 (Siblings)
   A 絆の強さ
   B 遺産……平等な相続，長男子単独相続，末男子単独相続，相続の性別の制限
   C 兄弟姉妹が同じ住居に住む期間
   D 兄弟姉妹相互の義務の種類はどのようなものか

　これらの視点や基準ですら，家族の多様性をすべて網羅するものとはいえないが，このリストを一瞥するだけで，家族の多様性は容易に想像することができるだろう[2)]．

　しかし，これらの多様な家族バリエーションを貫く基底的要因を指摘することも，一応であるが，可能である．すなわち，**定位家族**（夫と妻それぞれが生まれ，育った家族）が**生殖家族**（夫と妻が結婚によって作った家族）を完全に支配するタイプの社会と，そのような支配が完全に欠けているタイプの社会の違いがそれである．両者の違いは程度の問題でもあるが，前者を「**家族主義的社会** (familistic society)」，後者を「**非家族主義的（個人主義的）社会** (nonfamilistic (or individualistic) society) という．

　家族主義的社会では，家族は総じて大きく，複数の妻をもつこともあり，親族システムの中の権威は不平等になりやすく，結婚年齢は大変若く，配偶者選

択は親によって決められる傾向が強い．これに対して，非家族主義的（個人主義的）社会では，親族は社会組織の基礎として重要性を失い，結婚は両親にコントロールされることなく，私的な問題になり，小家族が自由に移動していく (Davis 1966：417)．

　この**社会類型と家族**の違いを具体的にイメージするために，ベネディクトの『菊と刀』をのぞいてみよう．「われわれアメリカ人は，『恋愛している』という事が，われわれの最も立派な結婚の理由になる」．これに対して，「日本人はわれわれアメリカ人のように恋愛と結婚を同一視する理想を掲げない．……配偶者の選択に際して青年は親の選択に従い，盲目的に結婚する．……結婚の真の目的は，この国では子どもを生み，それによって家の生命を存続させる事にある．これ以外の目的はいずれも結婚の真の目的を歪曲することに役立つのみである」(Benedict 1946 = 1972：212-213)．ここで伝統的日本の結婚が家族主義的社会のそれ，アメリカの結婚が非家族主義的（個人主義的）社会のそれとして充分，理解可能だろう．この問題は，後に，近代化・産業化と家族の形態の問題として再論する．

　ただし，ベネディクトのような日本の結婚（や文化）の理解は奇妙である（「局部的な事実において直ちに全体の性格をみている（和辻：後掲）」）という批判もある．たとえば和辻哲郎（1951：79-98）は，「『菊と刀』について」という論考で次のようにいう．ベネディクトが「熱心に取り扱っている日本の『家』の問題にしましても，親とか年寄りとかが絶対権をもって子どもにいちいちの事を命令したなどということは，わたしどもの経験の中にはありません．わたくしの見聞きした限りでは，当時の青年たちの大部分は自分の意志で職業を選び，妻を選びました．その際親の意志に反することもけっして稀ではありませんでした．それは時には激しい親子喧嘩を引き起こしましたが，大抵は親の譲歩で大したこともなく済んだのであります．もちろん，わたくしは，自分の接触しない範囲に著者（ベネディクト，山本補足）のいうような古風な家庭がたくさんあったことを知っています．しかしそれらは明治時代にさえもすでに『古風な』と

いう烙印を押されていたのであります」．このような批判の妥当性を検討するのは，家族研究の興味深い研究領域になるであろう．

■3 家族の普遍性

　家族の多様性は重要な論点だが，**家族の普遍性**もきわめて重要な問題を提起する．かつて家族という社会制度や集団の存在しない民族や社会があるのではないか？ということが熱心に議論された．たとえば，イスラエルのキブツ（＝家族のように緊密な共同体のキブツに家族は存在するか？）や南インドのナヤール（＝夫が妻子と居住や経済を共にしない．妻子は母方の叔父・兄弟と居住や経済を共にする．夫は夜，食事の後に妻を訪ね，翌日は朝食の前に立ち去る）の事例が有名である．しかし，これらの社会にも家族はやはり存在した（Spiro 1954＝1981；Gough 1959＝1981；山根 1972；中根 1970）．ただ通常，われわれが家族という言葉から想起するものとはやや異なる形であったため，それを家族と認識するのが難しかったまでの話である．かくて今日では，「家族は……人類のあらゆる社会に見られる普遍的な制度である．……これについては疑問をはさむ余地はない（中根 1970：3）」という主張が認められている．

　ではわれわれが通常想起する家族とはどのような家族か？　この点で従来の家族研究に大きな影響を与えていたのは，マードック（1986：23）の家族定義である．彼によれば，「家族は，居住の共同，経済的な協働，それから生殖によって特徴づけられる社会集団である．それは両性からなる大人と，1人またはそれ以上の子どもとを含んでいる．そして大人のうち少なくとも2人は，社会的に承認された性関係を維持しており，また子どもは，……この大人の実子，もしくは養子である」．

　この**マードックの定義**のような家族は存在するが，このような家族のみが家族ではない．住居や経済を共にしないナヤールの例もそれを示すが，このような人類学的知見によらずとも，われわれの周りの家族は，この定義をはみ出し

ていることがある．たとえば，離婚後の家族は，住居（や経済）を共有しないが，相互に家族と認識しあう関係が残るケースは現実にある．両親が子どもを誰かにあずけて，他地域に長期間の労働に出ることも十分ありえるが，これも家族の形だろう（国境を越える場合もままある）．別居している（特に未婚の）息子・娘と親は，仮に経済的な協働がなくとも家族だろう．逆に，マードックの定義のように同じ家に住み，経済を共にした家族員（大人と子ども）がいても，「成員相互のコミュニケーションないしは相互作用が欠如しており，特に相互的な情緒的支持がなされていない（Goode 1964 = 1976：168）」**空骸家族**（empty shell family）は，家族とはいえないであろう．

4 家族の定義と基底的機能

では**家族**とは何か？　家族とはどのように定義されるのか？　またなぜ，家族は普遍的にあらゆる社会に存在するのだろうか？　これらの問題は相互に関連する家族研究の大問題である．ただ大問題であるがゆえに，決定的な答えはみつかっていないが，いくつかの有力な学説はある．

まずデービスの学説をみる．彼によれば，「社会というものは，……一定の社会的機能を果たす時にのみ存続することが可能となるが，……，家族は社会の成員をたえず交替・補充してゆくという社会的必要に応じて作られた制度の複合である」．「社会成員の交替・補充（replacement of the societal membership）」とは，具体的には，生殖（physical reproduction），成員が幼児期・児童期にある間における育児（nourishment and maintenance），子どもを社会的ポジションの中に位置づけること（placement），および，子どもの社会化（socialization）の4機能が含まれる．これら4機能は端的には，子どもを生み，育てる事（the bearing and rearing of children）とほぼ同義である．

家族はもちろん，これら4機能以外の多様な活動をする．経済的な生産，高齢者の介護，政治的統制，身体的な防衛，家族員の性的満足，精神的安定，愛

情や指導などの欲求充足などがそれである．しかし，それは「家族の主たる役割の副産物にすぎない」とデービスは主張する．なぜならば，上記の4機能，つまり，子どもを生んで，育てることは，他の社会制度に移すことのできない**家族固有の機能**である．これに対して，他の機能は，家族以外の制度の方が（あるいは，家族以外の制度でも），有効に作動することも多い．かくて家族の中核には，上記の4機能があると推論できる．そして世界のどこでも，この4機能遂行には，家族組織が必要とされているというのである（Davis 1966：394-432）．

　デービスの説に対して，山根（1993）の説もユニークで重要である．山根の説は，マリノフスキー（B. Malinowski）のアイデア（「社会学的父」）に，山根のオリジナルな発想（「育児」）をつけ加えたユニークなものである．山根は動物の家族と人間の家族をくらべて，人間の家族にのみ「父」という社会的位座が存在することを指摘する．言い換えれば，生物学的な意味での父親（生物学的父）は動物にも，人間にもある．また，母が子の世話（保護・養育等）をするという母子関係は動物にも認められ，もちろん，人間にもある．しかし，**社会的位座としての父（社会学的父）**は人間の家族にしかみられない．つまり，人間の家族は父母子を基本単位とするが，そのこと自体が自然を超えた文化的・社会的な存在なのである．しかも，父母子のつながり（「自分は家族の一員である」という家族同一性）は，生涯にわたって保持されるが，これも人間家族の特色である．

　このような家族の中で，動物の親は子どもに生存能力を伝授するにとどまるが，人間の親は，文化の伝達という動物にない機能を担う．これによって生物学的なヒトが，社会・文化的な存在の人間になっていくのは，ウルフ・チャイルドの事例からも明らかである（Gesell 1941 = 1967）．ヒトは文化を伝達されて，真善・正悪・美醜などの価値観を身につけることができ，創造力をも身につけるが，この伝達は「**育児**」という営みを通して行われる．つまり，「育児は文化的存在としての人間家族の基本機能で，家族は人格形成の基盤であり，人間

をして人間たらしめる，いわば人間性の砦である（山根 1993：6）」．この山根の観点からすると，子どものいない（＝したがって「育児」をしない）夫婦は家族とはいえない．これに対して，単親世帯は育児の機能を担うゆえに家族といえる．またこの家族機能の根源的重要性のゆえに，「全体社会の次元で父母子のつながりを無視し，家族を制度的に否定する社会はどこにも存在しないのである．この意味で家族は社会制度として普遍的存在であるといえる（山根 1993：9）」．

デービスと山根は家族の対社会的な機能に注目した．つまり，子どもを生み育てることで，人間も社会・文化も再生産されるが，これが家族の固有機能とみたのである．これに対して，家族員の**幸福追求**という，対個人的な機能に注目するのが，森岡清美の家族定義である．森岡によれば，「家族とは，夫婦・親子・きょうだいなどの少数の近親者を主要な成員とし，成員相互の深い感情的かかわりあいで結ばれた，幸福追求（well-being）の集団である」．

家族は経済，教育，保健，愛情，娯楽など多様な個別機能をもつが，これらの個別機能に家族機能としての特色を与えるのが，基底機能としての幸福追求である．たとえば，企業は経済活動を行うがそれは利潤のためである．これに対して，家族が行う経済活動は家族員の幸福のために行われる．また，誰しも幸福を求めて生きており，それゆえに，家族は生活共同の原初的単位となる（森岡・望月 1997：4-5）．

さて，最後にふれるのは**核家族の普遍性**というマードックの主張である．彼によれば，どんな形の家族であれ，そのなかには核家族を含み，核家族のために設定された，社会的，空間的領域があるという．たとえば，一夫多妻制の場合でも，一般にそれぞれの妻と子どものためには，別の部屋や住居が準備されている（Murdock 1949＝1986：25）．そして，核家族のなかでは，社会生活に基本的な4機能が営まれている．すなわち，性的機能，経済的機能，生殖機能および教育機能がそれである．「第1と第3の機能への用意がないと，社会は消滅するだろうし，第2がないと生命そのものが止まってしまう．また第4がな

いと，文化は終わりを告げることになろう．核家族のもつ大きな社会的効用，この存在の普遍性，これらを説明するものが，こうして浮き彫りにされてくる (Murdock 1949 = 1986：32)」．

５ 近代化・産業化・核家族化

　産業化・近代化とともに家族は大きく変化した．この変化のなかで重要なのは，**核家族化**といわれる家族変動である．核家族化とは家族類型別の構成比率において，夫婦家族の比率が高まることを意味する．夫婦家族の比率は，わが国の国勢調査を利用して示そうとすれば，(核家族世帯総数／親族世帯総数)×100という計算式が適切である[3] (森岡・望月 1997：158-159)．ちなみに国勢調査の「核家族世帯」の中には，夫婦と子どもの世帯，単親（男親または女親）と子どもの世帯，夫婦のみの世帯が含まれる．また，これら以外の「その他の親族世帯」は，多世代同居の直系家族世帯にほぼ一致する（後掲，表3－5）．これによって夫婦家族の比率を示せば，表3－4のようである．ここから日本の家族は時系列的にみると，大きく核家族化したことがわかる．その結果，2000年以降では8割強が夫婦家族になっている．このような核家族化は産業化・近代化とともにあらゆる社会でみられる事態である．

　では，産業化・近代化した社会において，なぜ，夫婦家族が大勢を占めるのか．それには諸説があるが，グード（W. J. Goode）やパーソンズ（T. Parsons）の説が有力である．まず，グードによれば夫婦家族とは，「他の家族体系におけるよりも夫婦の結びつきや核家族の構造的形態の上により多くの社会的意味

表3－4　夫婦家族の比率（％）

1920年	1955年	1965年	1975年	1985年	1995年	2000年	2005年	2010年
58.8	62.0	68.2	74.1	76.0	79.2	81.2	82.7	84.6

出典）総務庁統計局『国勢調査報告』，森岡・望月（1997：158-159）．

が強調されている」家族である．夫婦の結びつき（相互の愛情や情緒的結びつき）を強調するということは，系譜や出自の系列化による大きな親族集団の形成の可能性を減じることである．言い換えれば，このことは父系・母系のどちらにも優越をおかないという意味で「双系的」でもある．また，結婚後の居住は，「独立居住性」であり，彼らの近親者の近くに住まなければならないという圧力からも自由である（Goode 1964 = 1976 : 96-98）．

ほぼ同じアイデアをパーソンズは，孤立した夫婦家族（isolated conjugal family，または，「孤立した核家族」）というタームでよぶ．すなわちアメリカの家族は，①定位家族（夫婦の両親）と別の住居に住み，多くの場合，地理的にも相当，離れており，②経済的にも独立して暮す核家族であり，家族の経済的支えや社会的地位の基礎は，夫の職業的地位に依存することが多く，③「夫婦いずれかの側の生家との関係がもう一方の生家との関係に比べ，目立って緊密にはなるまいという考え方が強い」という意味で双系的である．パーソンズは以上の意味で，現代アメリカの家族を，「孤立した核（夫婦）家族」であると特色づけている（Parsons and Bales 1956 = 1981 : 26-27 ; Parsons 1954 : 183-185）．

これらの**夫婦家族や孤立した核家族**は，親族の連帯が極小化した状況といえる．そしてその状態の特質は，親族の連帯が強い場合と比較すればよく理解できる．ここでは親族の連帯に関するパーソンズの記述を引こう．

「親族単位の連帯は，一定の便益と報酬が1人の成員の手に入るのならば，その便益と報酬は，他の成員と『分有』されなければならない性格のものなのである．……すなわち，連帯の強い親族単位があるかぎり，職業体系の中で高い地位を占める人びとの妻や子どもたちと低い地位を占める人びとの妻や子どもたちが，それぞれの親族成員の個人的な業績と関わりなく，平等に扱われるのは不可能である（Parsons 1951 = 1974 : 167）」．

ここから，親族の強い連帯は，近代化・産業化した社会の基本価値である個人の平等な扱い（＝普遍主義的および業績主義的な基準）と矛盾する性格をもつことが示唆される．かくて，夫婦家族（や孤立した核家族）は，親族の連帯

が極小化された状態であるがゆえに、産業化・近代化の原則に相対的には適合しやすい家族形態にあると推測できる.

すなわち、夫婦家族体系は、親族から自由に自分の職業を探索できる．雇い主も血縁関係にとらわれず有能な人材を求めえる．業績に応じて個人は社会的移動をなし、親族の規制から自由なため地理的移動も比較的容易である．かくて夫婦家族体系は、産業化・近代化の要請によく適合し、夫婦家族が現代産業社会の優勢な家族形態になる（Goode 1964 = 1976 ; 155, 196-198).

6 核家族化論をこえて

産業化・近代化とともに核家族化が進行する理由は、一応、説明された．しかし、現代の家族形態が夫婦家族（ないし、孤立した核家族）の論理ですべて説明できるのかといえば疑問である．たとえば、夫婦家族の概念を提唱し、それが産業化と適合的であることを示したグード自身、次のように注意深く留保をつけ加える．「上流階層の家族は他の上流家族と権力や特権や富を相互に交換しえる範囲内で、血縁関係を維持する方が得策であることを心得ている（Goode 1964 = 1976 : 155)」.

またパーソンズの孤立した核家族を批判して、リトワーク（E. Litwak）は**修正拡大家族**（modified extended family）という概念を提起する．修正拡大家族は、nepotism や居住の地理的近接などは求めない点で古典的な拡大家族と異なっている．また、核家族に援助を与え、平等主義的に結びついた幾つかの核家族で構成される点で孤立した核家族とも異なっている．つまり、親族との密な付き合い（訪問や援助）をもつ核家族が修正拡大家族であるが、こちらの方が孤立した核家族よりも階層上の地位を高めたり、高い地位を保持したりするには有利であると主張される．具体的には、高い階層的地位を保持した人や大きく上昇移動をした人ほど、親族からの訪問を受けることが多いなどの調査データが示されており、修正拡大家族の方が現代産業社会には適合的であるというの

である（Litwak 1960）．

　この修正拡大家族概念はパーソンズ批判としては的はずれである．なぜならば，パーソンズの「孤立」の意味は前節にみたとおり（住居や経済の独立と双系制）であり，親族との付き合い（訪問や援助）の有無とは直接関係はないからである．パーソンズの「孤立した核家族」とて，親族同士助け合うことも訪問しあうことも当然，ありうることなのである．しかし，それにもかかわらず，修正拡大家族の概念は有効である．それによって核家族の理解がより明細に，より実態に則したものになるからである．少なくともパーソンズが重視しなかった核家族の一側面が鮮明にみえてくる．

　ところで，産業化・近代化によって現れた家族変動を家族形態的にみれば核家族化であるが，家族機能や家族結合の原理などに着目する別の有力な学説もある．たとえば，家族機能に注目したオグバーン（W. F. Ogburn）はかつての家族は経済機能中心の組織であり，家族は生活で消費されるいろいろなものを作る，いわば「**工場**」であったと述べている．これに対して，現代の家族では経済機能は大きく後退し，家族員のパーソナリティへのサービスや配慮が中心的な機能となってきた．オグバーンはこの機能を**パーソナリティ機能**とよぶ（Ogburn 1933）．

　つまり，家族は生産の単位から消費の単位に変化した．この家族変化は，先進国に共通の**出生率の低下（少子化）**という現象に根底的に関与する．すなわち「出生率の減少には，明らかに経済的な意味がある．家族が生産の単位から消費の単位に変貌するにつれて，子どもは，経済的資産でなく，経済的債務となった．たとえば農家では，子どもは経済的にみて役に立つものでありうるが，都会のアパートに住む公認会計士の家族では，〈経済的にみて〉子どもにできることといえば費用を作り出すことだけである（Berger and Berger 1972 = 1979：102）」．少子化の原因に関する，このバーガーの見解は非常に説得的である[4]．

　またバージェス（E. W. Burgess）らは有名な**制度家族から友愛家族へ**という

図式で家族の結合原理の変動を述べた．すなわち，「家族は歴史的に見れば，モーレス，世論，法律によって家族の行動がコントロールされる制度 (institution) から，家族の行動が相互の愛情，平等に基づく友愛 (companionship) へ変化してきた (Burgess, Lock & Thomes 1963 : 3)」．

バージェスらによって描かれた家族変動の図式は，楽観的で調和的な未来を展望した．また，戦後（ないし，高度成長以後の）日本の家族変動（＝核家族化）を肯定的に現状分析する際のキーワードとしても広く利用された．しかし，このような展望や現状分析に異議を唱えるのが，近年のフェミニズムに依拠する家族研究である．**フェミニズム**の発想では，産業化・近代化によって現れた家族は，核家族や夫婦家族や友愛家族というタームでなく，「近代家族」とよばれることが多い．それはジェンダーによる不平等が社会全体にも，家族内部にも存在する時代の過渡的・歴史的家族類型を提示せんがための工夫である．したがって，フェミニズムではジェンダーによる不平等なき社会が未来に展望されており，その未来の家族が「近代家族」以後に展望されている（図3－1）．

言い換えれば，産業革命によって出現した**近代家族**（＝核家族や夫婦家族や友愛家族）とは，まだ歴史における発展途上の家族である．近代家族において結婚は私的な問題になった．また，近代家族は親族組織による統制から自由な小家族になったとはいえる[5]．しかしそれは，「親族組織や地域社会から独立した私的世界としての家族の中で，私的存在として女性が位置づけられた，つまり『主婦の誕生』をみたということである」．「このような状態を指して，家父長支配からの個人の解放が近代社会の特徴だ，といわれるのが一般に見られるが，フェミニズム理論では，性役割分業に基づく私的家族を家父長の本質を引き継いでいるものとみなしている（目黒 1993 : 214)」．したがって，近代家族は，**性役割革命**（特に，経済資源への女性のアクセス）を経て，性役割分業や性的不平等構造を大きく縮小・破棄して，個人の自立化という方向に変容すべき家族として位置づけられる．

図3—1　家族変動のメカニズム—「家族の個人化」モデル—

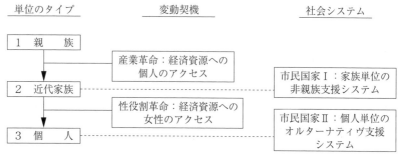

出典）目黒（1993：214）．

　この方向での家族変動の仮説を示したのが**「家族の個人化」モデル**である（図3—1）．このモデル（仮説）を提唱した目黒（1993）は「性役割革命は始まってまだ日も浅く，家族変動を説明しうる概念であるかどうかについて結論を出す時期ではない」と，慎重な留保をつけている．「しかし，……私的領域としての家族システムの中で社会的地位が認められていた女性が，家族システムの内外で個人としての地位を確立する方向に時代は変化しつつある」とも主張した．これらの問題をどう捉えるか．それはもはやフェミニズムという立場や性役割革命からの立論を超えて，家族変動に関心をもつ者の共通関心になっているものと思われる[6]．

注）
1）ただし，2010年の家族外生活者の割合は16.0％程度（表3—5の「単独世帯」「施設等の世帯」「非親族を含む世帯」の合計）と推測され，2000年からさらに増えている．
2）リストに出てきた，非嫡出や幼児婚については，グードの説明がわかりやすい．彼によれば，嫡出の規則（rules of legitimacy）とは，「社会に完全に受け入れられるひとりの成員を生み，育てる権利を誰が持つかを明確にする規則」の事である．嫡出（非嫡出）は他の動物にはみられない人間家族の基本的特徴である．たとえば，われわれの社会では「不義」によって子ども作る事を禁じている．これは摘出の規則の一例である．また，ヒンドゥでは幼児婚の規定があり，伝統的には少女たちは思春期前に結婚すべきとされていた．彼女らの平均結婚年齢は1891年で12.5歳，1941年で14.7歳と報告されている（Goode 1964＝

表3―5　家族内・家族外生活者人口・割合（2010年）

総数 （総世帯）	A親族のみの世帯	A-1.核家族世帯	A-2.核家族以外の世帯	B非親族を含む世帯	C単独世帯
128,057,352人	107,370,446人	83,724,815人	23,645,631人	1,158,282人	16,784,507人
100.0%	83.9%	65.4%	18.5%	0.9%	13.1%
D施設等の世帯	D-1.寮・寄宿舎の学生・生徒	D-2.病院・療養所の入院者	D-3.社会施設の入所者	D-4.自衛隊営舎内居住者	D-5.矯正施設の入所者
2,511,749人	236,366人	622,672人	1,449,905人	85,560人	74,047人
2.0%	0.2%	0.5%	1.1%	0.1%	0.1%

注）総数には世帯の家族類型「不詳」を含む．施設等の世帯には「その他」含む．
出典）国勢調査．

表3―6　家族類型別一般世帯割合（％）の推移

年	1920	1960	1970	1980	1990	2000	2005		2010
核家族世帯	55.3	53.0	56.7	60.3	59.5	58.4	57.9	核家族世帯	56.3
その他の親族世帯	38.2	30.5	22.7	19.7	17.2	13.6	12.1	核家族以外の世帯	10.2
非親族世帯	0.5	0.3	0.3	0.2	0.2	0.4	0.5	非親族を含む世帯	0.9
単独世帯	6.0	16.1	20.3	19.8	23.1	27.6	29.5	単独世帯	32.4

注）2010年国勢調査では，世帯類型が変更となっている．
出典）国勢調査．1920年は戸田貞三『家族構成』による．

1976：37-52）．なお，家族の多様性を学ぶには，Hendry（2002 = 1999；218-249）も有益である．ここには，リストで紹介できなかった冥婚（ghost marriage）や上昇婚（hypergamy）や交差イトコ婚（cross-cousin marriage）などを含めての明快な説明がある．
3）この計算方式は森岡清美の提案による（森岡・望月 1997：158-159）．夫婦家族の比率は，国勢調査報告においては，（核家族世帯総数／普通世帯数）×100という計算式（従来方式）で示されてきた．従来方式の計算式では，「単独世帯」の増加，「その他の親族世帯」（＝3世代同居など）の減少が顕著である（表3―6）．この動向も非常に重要である．
4）バーガーの見解や少子化に関連して，パークの文言を参考までに紹介しておく．都市の少子化を考えるヒントになる．「子どもは田舎では資産であるが，都市では負債である．……都市では家族を養うことは農村で養うよりもずっと困難である．都市では晩婚であり時には全然結婚しない人もある（Park 1916 = 1978：94）」．
5）つまり，デービスの言葉を使えば（**2**節参照），家族主義的社会から非家族主

義的社会への変化に対応して現れたのが，近代家族である．
6）たとえば，「家族の個人化」（図3－1）と「家族の対社会的機能」（**4**節参照）の交差する所に，現代家族研究の重要課題が設定可能と思われる（鈴木2001）．

参考文献）

Benedict, R., 1946, *The Chrysanthemum and the Sword : Patterns of Japanese Culture*, Houghton Mifflin.（＝1972，長谷川松治訳『菊と刀――日本文化の型――』社会思想社）．

Berger, P. L. and B. Berger, 1972, *Sociology : A Biographical Approach*, Basic Books.（＝1979，安江孝司ほか訳『バーガー社会学』学研）．

Burgess, E. W., Locke, H. J. and M. M. Thomes, 1963, *The Family : From Institution to Companionship*, American Book Company.

Davis, K., 1966, *Human Society*, Macmillan.

Gesell, A., 1941, *Wolf Child and Human Child*, Harper & Brothers.（＝1967，生月雅子訳『狼に育てられた子』家政教育社）．

Goode, W. J., 1964, *The Family*, Prentice-Hall.（＝1967，松原治郎・山村健訳『家族』至誠堂）．

Gough, K., 1959, "The Nayars and the Definition of Marriage", *Journal of the Royal Anthropological Institute*, 89：23-34.（＝1981，村武精一編　小川正恭ほか訳『家族と親族（新装版）』未来社：24-52）．

Hendry, J., 1999, *An Introduction to Social Anthropology*, Macmillan.（＝2002，桑山敬己訳『社会人類学入門：異民族の世界』法政大学出版局）．

Litwak, E., 1960, "Occupational Mobility and Extended Family Cohesion", *American Sociological Review*, 25-1：9-21.

目黒依子，1993，「ジェンダーと家族変動」森岡清美監修　石原邦男・佐竹洋・堤マサエ・望月嵩編『家族社会学の展開』培風館：211-221．

森岡清美，1993，『現代家族変動論』ミネルヴァ書房．

森岡清美・望月嵩，1997，『新しい家族社会学（四訂版）』培風館．

Murdock, G. P., 1949, *Social Structure*, Macmillan.（＝1986，内藤莞爾監訳『社会構造』新泉社）．

中根千枝，1970，『家族の構造――社会人類学的分析――』東京大学出版会．

Ogburn, W. F., 1933, "The Family and its Functions", President's Research Committee on Social Trends eds., *Recent Social Trends in the United States*, McGraw-Hill, 661-708.

Park, R. E., 1916, "The City : Suggestions for the Investigation of Human Behavior In the Urban Environment", *American Journal of Sociology*. xx. 577-612.（＝

1978, 笹森秀雄訳「都市」鈴木広編『都市化の社会学（増補）』誠信書房：57-96）.

Parsons, T., 1951, *The Social System*, Free Press.（＝1974, 佐藤勉訳『社会体系論』青木書店）.

―――, 1954, "The Kinship System of the Contemporary United States", *Parsons, T., Essays in Sociological Theory Revised Edition*, Free Press, 177-196.

Parsons, T. and R. F. Bales, 1956, *Family*, Routledge and Kegan Paul.（＝1981, 橋爪貞雄ほか訳『家族』黎明書房）.

Spiro, M., 1954, "Is the Family Universal?", *American Anthropologist*, 56：839-846.（＝1981, 村武精一編小川正恭ほか訳『家族と親族（新装版）』未来社：9-23）.

鈴木広, 2001,「家族社会学の現代的課題」鈴木広監修　木下謙治・小川全夫編『家族・福祉社会学の現在』ミネルヴァ書房：3-14.

和辻哲郎, 1951,『埋もれた日本』新潮社.

山根常男, 1972,『家族の論理』垣内出版.

―――, 1993,「家族の理論」森岡清美監修　石原邦雄・佐竹洋人・堤マサエ・望月嵩編『家族社会学の展開』培風館：3-16.

自習のための文献案内）………………………………………………
① 森岡清美・望月嵩, 1997,『新しい家族社会学（四訂版）』培風館
② W. J. グード, 1967, 松原治郎・山村健訳『家族』至誠堂
③ 木下謙治・保坂恵美子編, 2008,『家族社会学（新版）―――基礎と応用―――』九州大学出版会
④ 神原文子・杉井潤子・竹田美和編, 2009,『よくわかる現代家族』ミネルヴァ書房
⑤ 岩間暁子・大和礼子・田間泰子, 2015,『問いからはじめる家族社会学―――多様化する家族の包摂に向けて』有斐閣
⑥ 湯沢雍彦, 2014,『データで読む平成期の家族問題』朝日選書
⑦ 清水新二, 2014,『臨床家族社会学』放送大学教育振興会

　家族研究は社会学の中では研究の蓄積が厚い分野である．①②はこの分野で定評ある，日米のテキストブック．③④⑤は現代家族研究の諸分野をバランスよく配置してある入門・概説書．変容と多様化がキーワード．⑥⑦は家族問題からの入門・概説書．⑥は豊富なデータが，⑦は臨床的視点が特色．

4章 都市

—— 都市の見方，都市の姿 ——

1 都市とは何かという問い

　都市とは何か．簡単のようにみえて，この問いは意外に難しい．たとえばウェーバー (1979：603) は，「都市という言葉は，純粋に量的な標識と結びつけて用いられるのが普通である．すなわち都市とは大きな集落を指している」という．この文言はきわめて常識な指摘で理解しやすい．しかし，そのすぐ後の文章で次のように記す．「今日のロシアには何千という人口を有する『村落』がいくつかあるが，これらの村落は，多くの昔の『都市』(たとえばドイツ東部のポーランド人植民地における) よりもずっと大きい．これらの『都市』は僅々数百の人口しかなかったのである．いずれにせよ，大きさだけで都市か否かを決定するわけにはいかない」．

　都市を人口規模のみから定義できないということは，現代都市社会学の祖，ワース (1978：129-130) も指摘する．「大きさだけを基礎としてコミュニティを都市的であると特徴づけることは明らかに恣意的である」．たとえば，「メトロポリタン・センターの影響のもとにある，任意に定められた住民数より少ない住民数をもつコミュニティの方が，きわめて村落的な地域においてかなり孤立したコミュニティを統率しているヨリ大きなコミュニティ以上に，都市的なコミュニティとして承認されるべき権利をもっていることを証明することは困難ではない」．

　また鈴木広 (1969：14) は都市類型論を構築するにあたり，次のようにいう．

「都市の分類をする方法として，人口数によって大・中・小と分かつことが多いが，私見によれば都市の社会過程に即してその型態を把握するためにはこの量的分類は第二義的である．たとえば人口28万の尼崎と27万の熊本とは，その社会過程においてまったく異質的であり，逆に27万の八幡と2万7千の相生とはかなりの相似性を示している」．

以上，ウェーバー・ワース・鈴木広は，人口量のみで都市を定義できないし，人口量のみで都市を分類することもできないことを指摘する．

さらにウェーバーによれば，古代や中世の都市はヨーロッパでも非ヨーロッパでも，特殊な形の要塞や衛戍地であったという．このように考えれば，日本の古代・中世の都市（つまり，京都や奈良など）は都市ではなく，「日本にはそもそも『都市』は存在しなかったのではないかと考えることもできる（ウェーバー 1979：616）」ということになる．このようなウェーバーの主張は，都市という言葉がどのような意味で使われてきたかということが大きな問題であることを示す．

この問題に関して，ゾンバルト（1978）は歴史的にみた**都市という言葉の使われ方**を整理している．彼によれば，都市という用語ないし概念は次のような使われ方をしてきた．①宗教上の都市概念……都市とは巡礼地であり，神々の住まう場所であった．メッカなど．②築城術上の都市概念……都市とは周囲を城壁で囲まれた土地である．③軍事上の都市概念……衛戍地を都市と考える．④政治上の都市概念……国家との関係で都市を定義する．都市が大きな自治権をもつ場合は市民共同体，地域自治団体として理解されねばならない．これが中世ヨーロッパの都市の語義であった．⑤統計上の都市概念……官庁統計が定める都市である．一定数以上の人口が集住している地区が都市である．⑥建築術上の都市概念……都市を建造物の集合体とみて，住民を度外視する．今日のポンペイも都市である．⑦人口学上の都市概念……⑥の反対に住民を問題にする．⑧法律上の都市概念……市場権などの特権を付与された土地を都市とみなす．欧州中世の都市などにみられる．⑨いくつかの特徴

の複合としての都市概念……これは①から⑧の内の複数の特徴をもつ地域として都市をみる．

　このように都市という言葉はさまざまな使われ方をしてきたが，ゾンバルトによれば，現代都市（アメリカや西欧の都市）の典型を描くのは，ソローキンとツインマーマンによる都市概念だという．では，ソローキン（P. A. Sorokin）とツインマーマン（C. C. Zimmerman）の都市とはどのようなものか？　次節で紹介しよう．

■2 都市とは何か ——議論のスタート——

　ソローキン・ツインマーマン（1940：3-98）は都市と農村を9項目にわたって対比している．

　①職業……農村では農業，都市では非農業（製造業，機械業，商業取引，専門職業，行政，その他）が中心である．

　②環境……農村では自然が人間社会的環境に優越．都市では自然からの隔離が大．人為的環境の自然に対する優越．汚濁した空気．

　③人口量……同一国家，同一時代においては，農村よりも都市で人口量が多い．

　④人口密度……同一国家，同一時代においては，農村よりも都市で人口密度が高い．

　⑤人口の同質性・異質性……農村は同質性が高い．同質性とは言葉，信念，意見，風習，行動型などの社会心理的性質の類似性を意味する．都市は異質性が高い．都市は国民性，宗教，教養，風習，習慣，行動，趣味の異なる個人が投げ込まれた溶解鍋のようなもの．都市では人間のもっとも対立的な型，天才と白痴，黒人と白人，健康者と最不健康者，百万長者と乞食，王様と奴隷，聖人と犯罪者，無神論者と熱烈な信者，保守家と革命家が共存する．都市の異質性は，移住者の流入，分業（分化）や階層化に起因する．

⑥ 社会移動……都市は農村よりも水平的，垂直的移動性が大．「社会移動の通路をなすあらゆる機関——大学，教会，財政・経済の中心，軍隊の本部，政治勢力の中心，科学，美術，文学の中心部，国会，有力新聞などの社会的昇降機 (social elevators)——は都市にあって，農村にない」．したがって，「富める農夫はなお単に農夫にすぎないのであり，驚嘆すべき田園詩人も，都市の印刷物や都市の是認なしには，なお単に，"彼の隣人たちの詩人" にすぎない」．

⑦ 移住の方向性……「農村は人間の余剰の生産の中心であったし，都市はそれらの消費の中心地であった」．人口は一般に農村から都市へ移動する．

⑧ 社会分化・階層分化……都市は農村よりも社会分化と階層分化が大．「都市はあらゆる方面において最高権威者のいる所であり，同時に最も才能に恵まれていない人々のいる所である．略言すれば，都市の社会的ピラミッドは概して同じ社会，時代の農村のそれよりも遥かに高い」．

⑨ 社会的相互作用組織……農村においては第一次的接触が多い．都市においては第二次的接触が優位．「都市人が相互作用する人々のきわめて僅少なる部分のみが個人的に知られているのであり，彼らの大部分はただ，"番号" であり，"住所" であり，"顧客"，"お得意"，"病人"，"読者"，"労働者"，あるいは，"雇人"にすぎないのである」．

3 ワースのアーバニズム論

ソローキンとツインマーマンの都市・農村の対比（前節の9項目比較）を改変し，都市と都市的なもの（アーバニズム）の区別を導入した内容になっているのが**ワースのアーバニズム論**である．ワースは，**都市**とは「社会的に異質な諸個人の，相対的に大きい，密度のある，永続的な集落である」と定義する．そして「都市社会学の中心課題は，大量の異質な諸個人の，相対的に永続的な，密度のある集落（＝ワースの定義する都市）に典型的に現れる社会的行為および社会的組織の諸形態（＝ワースのいうアーバニズム）を発見することである

(Wirth 1938 = 1978：133-134，カッコ内は山本，補筆)」と宣言する．この引用にあるようにワースにとっての都市研究の課題は，「**人口量**」「**人口密度**」「**異質性**」→「**アーバニズム**」の因果連鎖の探求にあった．ワースの示したこの研究プランは，今日においても（ワースに批判的な立場も含めて）都市研究の土台を成している．

　さらにワースは上記の都市研究プランの内実として，探求されるべき仮説，および，そのための社会調査の視角（ないし，着眼点）を呈示した．ここにおいて，①都市社会学の総体的課題，②都市社会学が検討すべき仮説命題群，③都市社会学が採用すべき方法（社会調査の視角）が揃うことになる．**ワース**（L. Wirth）が現代都市社会学の祖と目される理由はここにある．

　そこでまず探求されるべき仮説命題群であるが，それは以下のような因果関係である．

　1．「人口量」増大→「空間的分離，親族・近隣の紐帯と民族的感情の弱化ないし欠如，競争と公的統制の発生，非人格化，皮相性，一時的，匿名化，詭弁的，合理的，功利的金銭的な社会関係，慎み，無関心，歓楽にあきた態度，内面的原子化，精神分裂的性格，主体性の喪失，分業，専門化と不安定な相互作用，第二次接触と利害集団の形成」

　2．「人口密度」増大→「分化と専門化，高尚と野卑，富裕と貧困，教養と無知，秩序と混乱といったコントラストの明確化，労働と住居の分離，空間的分離，相対的な思考様式と寛容的態度，生活の世俗化，孤独感，欲求不満，軋轢，焦燥」

　3．「異質性」増大→「カースト制度の崩壊と階級構造の複雑化，個人の不安と不安全，詭弁性とコスモポリタニズム，個人の集団への分属のためのパーソナリティの部分的機能，集団成員の急速な交替，居住地・雇用の場所と性格・収入・利害の不定，親密で永続的な知己関係維持・促進の困難，家屋の非所有，流動的大衆の形成，非個性化と平準化」

　また社会調査の視角（ないし，着眼点）は，「ワースの三重図式」といわれ

るように,「生態学」「社会組織論」および「都市的パーソナリティ・集合行動」の3つがあるが,以下のようである[2].

生態学的視角とは,「人口の基礎,技術および生態学的秩序を含む物理的構造としての視角 (Wirth 前掲 : 141)」である.具体的には,都市人口における淘汰と分化,高い壮年層の比率,多い外国出生,多い黒人,小さい出生率,人口再生産の不備,高い死亡率,土地利用・地価・地代・所有形態,物理的構造・住宅・運輸通信施設・公共施設,技術的施設・特殊技術的施設などに着目する.

社会組織論的視角とは,「特徴的な社会構造,一連の社会制度および典型的な形態の社会関係を含む社会組織の体系としての視角 (Wirth 前掲 : 141)」である.具体的には,第二次接触の優位,親族的紐帯の弱体化,家族の社会的意義の減少,近隣の消失,結婚の遅れ,未婚者の増大,社会的紐帯の伝統的基盤の崩壊,産業的・教育的・娯楽的活動の専門的制度への移行,カストラインの打破,所得・地位集団の分化・ホワイトカラー層の高比率,自発集団の繁殖など,社会関係や社会集団の状態に着目する.

都市的パーソナリティ・集合的行動の視角とは,「典型的な形態の集合的行動に加わり,特徴的な社会統制の機構にしたがう,一組の態度・観念と一群のパーソナリティとしての視角 (Wirth 前掲 : 141)」である.具体的には,パーソナリティの非統合性(個人解体,精神障害,自殺,非行,犯罪,背徳,無秩序などの多発),公的な組織集団による統制,コミュニケーション装置による遠隔操作・ステレオタイプ操作・シンボル操作,親族集団の無力化による疑似親族集団の形成などに着目する.

ワースが示した都市の姿を圧縮して要約すれば,「一方では伝統的集団(親族・地域などの親密な第一次集団関係)が弱体化し,また道徳秩序も崩れ,他方では,第二次的社会関係や組織の専門分化・巨大化が展開する.すなわち,第一次集団は後退退化して個人は孤立化し,他方,巨大組織が発達するという形の社会イメージにほかならない(鈴木 1986 : 191)」.そのゆえに,ワース理論は,

「アーバニズムは直接的に人々の社会生活やパーソナリティを——たいていは悪い方向へ——変化させる (Fischer 1984 = 1996 : 44)」と主張する．つまり，ワースの都市は，**中間集団の希薄化**ないし**社会解体**や**逸脱**の場としてイメージされている．

4 ワース批判

ソローキン・ツインマーマンとワースで都市のイメージに根本的な違いがあるわけではない．どちらの都市認識でも，人口量，人口密度，人口の異質性は強調され，都市は第二次接触優位の世界である．しかし，ワースにおいては，都市とアーバニズムの区別による仮説命題群や「ワースの三重図式」等にあるように，実証的都市研究を支えるアイデアが数多く含まれていた．このようなわけで，ワースは後続の研究に基本的枠組を与えたが，それら研究の多くはワースの社会解体イメージを批判，修正した．

これらの中でもっとも有力な批判はアクセルロッド (R. E. Axelrod) による．ワースのアーバニズム論は周知のように，シカゴをフィールドにして作られている．これに対して，アクセルロッドはシカゴに比較的類似した工業都市・デトロイトをフィールドにしてワース批判を試みた．この点は他のワース批判がもたない，アクセルロッドの長所である (鈴木 1986 : 99)．

アクセルロッド (1978) は**デトロイト調査**から，下記のような知見をえた．

1．住民の大多数 (63%) はフォーマル集団に所属していた．ここでフォーマル集団とは交友団体，市民改良団体，労働組合，同業団体，消費組合，青年会，レクレーションおよび余暇集団などの任意団体 (Voluntary Association) をさす．

2．フォーマル集団への加入は教育程度，世帯主の職業，家族収入など属性に応じて構造化されていた．

3．インフォーマル集団 (親類，友人，近隣者，職場仲間) との接触をもた

ない人はほとんどいない（少なくとも週2度接触……30％, 4から5日ごと……35％, 週1度……16％, もっと少ない……18％, 交渉せず……1％）.

4．インフォーマル集団の重要度は, 親類, 友人, 近隣者, 職場仲間の序列になる.

5．フォーマル集団参加とインフォーマル集団参加は正比例する. インフォーマル集団との接触が多くなるにしたがって, フォーマル集団への加入者の割合が高くなる.

これらの知見から, ① 都市の中間集団はけっして消失しておらず, ② 第一次集団は親族や友人を中心にして, 重要な機能を担っていることが示される. つまり, 都市の中間集団・社会構造はワースのイメージ程には解体しておらず, それなりに健在である[4].

■5 フィッシャーの下位文化理論

近年, 有力なワース批判を展開するのがフィッシャー（C.S. Fischer）である. ワースが社会解体現象とみた種々の現象（特に逸脱）を, フィッシャーは「社会集団の崩壊（＝ワースの社会解体）によってではなく, むしろ社会集団を生み出すこと（＝フィッシャーの下位文化）(Fischer 1984 = 1996：60, カッコ内は山本, 補筆)」によって説明しようとする. すなわち, ワースにおいては, 「都市→社会解体→逸脱」と考えられていた現象が, フィッシャーにおいては, 「都市→下位文化→逸脱」と仮説化される. フィッシャーはみずからのこの仮説を**下位文化理論**とよんでいる.

下位文化理論の主張は圧縮して要約すれば, 以下のようである.「都市的なところに住むか都市的でないところに住むかによって, 諸個人の社会生活はちがったかたちになる. しかもおもに, 人口の集中によって人びとが特別の下位文化を形成できるようになるという理由からそうなるのである（Fischer 1982 = 2002：ⅰ）」. つまり, 都市の都市たるゆえんは下位文化の形成にある.

では**下位文化**とは何か．その定義は次のようである．「それは人々の大きな集合——何千人あるいはそれ以上——であって，① 共通のはっきりした特性を分かちもっており，通常は，国籍，宗教，職業，あるいは特定のライフサイクル段階を共有しているが，ことによると趣味，身体的障害，性的嗜好，イデオロギーその他の特徴を共有していることもある．② その特性を共有する他者と結合しがちである．③ より大きな社会の価値・規範とは異なる一群の価値・規範を信奉している．④ その独特の特性と一致する機関（クラブ，新聞，店舗など）の常連である（patronize）．⑤ 共通の生活様式をもっている（Fischer 1982 = 2002：282）」．具体的には，ミュージシャン，学生，中国系アメリカ人・アイルランド系アメリカ人・ドイツ系アメリカ人，東部都市の労働者階級のイタリア系アメリカ人，ヒッピー，企業エリート，黒人ゲットーの福祉受給家族，警察官・ダンス・スポーツ・鉄鋼労働・医者・港湾労働者などの職業的世界，ダンス愛好者，などがそれである．

さらに，アーバニズム（＝人口の集中）によって形成された下位文化は，通常，以下の3つのタイプを含む．① 非行少年やプロの犯罪者や同性愛者などの「逸脱」的な者，② 芸術家や新興宗教教団の宣教師や知識人などの「変わっている」者，③ ライフスタイルの実験者やラジカルや科学者など「伝統やぶり」と思われる者，がそれである．①は**逸脱**，②③は**非通念性**（unconventionality）とよぶべき性格をもつ．したがって，フィッシャーの下位文化理論では，都市の特性として「都市→下位文化形成→逸脱と非通念性」という因果連鎖が主張されることになる．フィッシャーによれば，下位文化のある所が都市なのである．（Fischer 1984 = 1996：55-61）．

■6 都市が下位文化を生むメカニズム

ところで，都市が下位文化を生むメカニズムは図4—1のようである．すなわち，アーバニズム（人口集中）は下記のような過程を通して下位文化の多様

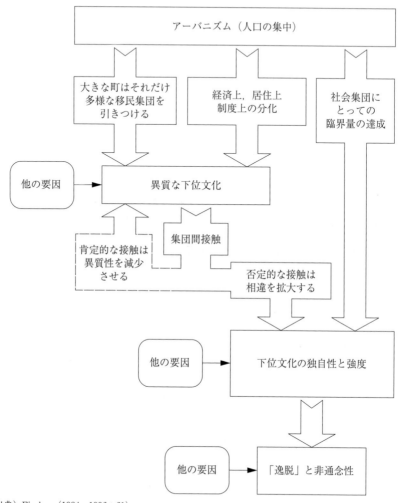

図4−1　下位文化理論の図式

出典）Fischer（1984＝1996：61）．

化と下位文化への参加を促進する（Fischer 1982 = 2002：283-288；Fischer 1984 = 1996：55-61）．

　①　大きな都市は（小さな町や村よりも）広い範囲から移民を引き寄せる．

移民は多様な文化的背景を持ち込み，異質な下位文化を形成する．

　②　アーバニズムは**構造分化**を生み出す．職業の専門化，特徴的な近隣社会，専門化された制度，特定関心集団などがそれである．これらの構造的単位（例，警察官，医者，港湾労働者など）それぞれに下位文化が付着するのが普通である．

　③　アーバニズムは**臨界量**（critical mass）の達成を促す．下位文化の成立には一定以上の人口数が必要である．それは大都市におけるほど達成可能である．たとえば1,000人に1人，モダン・ダンス愛好者がいるとすれば，人口5,000人の町では5人の愛好者がいるに留まる．これではモダン・ダンスの下位文化は立ち上がらない．しかし，100万都市ならばモダン・ダンスの愛好者は1,000人になる．これなら，スタジオや集会場所の確保，バレエの上演，種々の社会環境を支えることが可能だろう．同じプロセスは種々の小さな下位文化の形成に大きく関与する．

　④　都市の多様な下位文化はしばしば，**集団間摩擦**を生み出す．すなわち，他の下位文化に脅威や攻撃性を感じたり，他の文化との対比や対立にさらされることはよくある．このような事態に対処するために，人びとは自らの下位文化への同一視や関与を高めるだろう．

　以上のメカニズムで都市では多様な下位文化が発達する．この違いは地元新聞に掲載されたコミュニティ活動を，大都市（バークレイ），小都市（ワインカントリーの小さな都市），農村的地域（成長中の山岳町）で比較すれば明らかである．表4—1によれば，バークレイにおいて，下位文化がもっとも多様であり，非通念性や逸脱的性質の強いコミュニティ活動がみられる．

　また同じく大都市のサンフランシスコにはイタリア系新聞が12あったが，この地方の他の場所にはひとつであった．アイルランド人組織は8つあったが，この地方ではサンフランシスコ以外の地域にはなかった．美術館，単身者組織，テニスクラブなどもサンフランシスコには多いが，他の場所にはそれほどなかった．さらにアウトドア・スポーツ店，ミュージックショップ，劇場，

チカーノ系の店，中国系組織など下位文化機関はコミュニティが都市的であるほど利用可能であった．つまり大都市的地域であるほど，下位文化機関の数も多く，種類も多様である（Fischer 1982 = 2002：283-288）．ちなみに，多くの日系人組織も，サンフランシスコに集中する．たとえば，サンフランシスコの日系高齢者向けの福祉 NPO（気持会 http://www.kimochi-inc.org/）は **1** 章注3で紹介した．

表4—1　3つの町の新聞に掲載されたコミュニティ活動

成長中の山岳町	ワインカントリーの小都市	バークレイ
2つの水泳活動	2つのブリッジクラブ	文化横断夫婦の会（Cross-cultural couples meeting）
3つのバス旅行（動物園，砦，タホ湖）	鉄道模型愛好者の会	黒人女性の会（Black women）
	5つのアルコール依存症自主治療協会支部	黒人共学の会（Black co-eds）
ガールズクラブ		中年グループの会
		レズビアンの親の会（Lesbian parents）
ティーンエイジャー・ダンス	2つのスクエア・ダンス（Square dances）	異性装／性転換願望者交流会（Transvestites／transsexuals rap）
旅行のスライドを見る会	高齢者のグループ	親子の気軽なグループ（Drop-in group for parents and children）
	農民共済組合（The Grange）	円舞（Round dancing）
反射法（Reflexology）のクラス	メーソン（The Masons）	その他多数

出典）Fischer（1982：198）．

7 矢崎武夫のワース批判

　ワース・アーバニズム論の社会解体イメージの修正（つまり，アクセルロッドやフィッシャー）とは別の系統の批判を展開するのが矢崎（1963；1962）である．矢崎によればワースには体制論的，構造論的視角が欠如している．すなわち，「都市構造の中核をなすものは農村と異なって，政治軍事権力，官僚統制，経済，宗教支配の機能であって，これが都市の本質をなすものであることを

（ワースは）見落としている（矢崎1963：34，カッコ補筆，山本）」．

　またワースは都市を独立変数とみたが，矢崎（1963：24；1962：6；440）は都市とは，「一定の地域に，一定の密度をもって定着した一定の人口が，非農業的な生活活動を営むために，種々の形態の権力を基礎に，水平的，垂直的に構成された人口である」と定義し，都市の成立には権力が大きく関与していることに注目する．したがって，都市は独立変数とは考えられず，「都市は，特定の政治，軍事，経済，宗教，教育，娯楽その他の組織を通じて，広範な地域と結合し，農村の余剰を時代や社会により異なった種々の形態で都市に吸収することによって可能となる（矢崎1963：24；1962：440）」と考える．

　言い換えれば，都市の成立，拡大には，政治，軍事，経済，教育，宗教等の**統合機関**（＝権力）が大きく関与する．たとえば，日本の都市は，律令都市，封建城下町，明治以降の東京・県庁所在地，軍事都市，貿易都市，その他多くの都市にみられるように，国家や藩や軍事権力に大きく依存してきた．また，パリ，ロンドン，ベルリン，ウィーン，ペテルブルグ，モスクワはいずれも政治都市であり，東洋の大都市のほとんどすべては政治的首都であった（矢崎1963：53）．

　社会の支配層は政治，軍事，経済，宗教等の何らかの権力・権威によって，余剰生産を収取する能力をもつ．律令制度の天皇の租税徴収権，封建領主の貢租の収受，特権商人の利潤，近代国家官僚の徴税権，資本家の利潤獲得などがそれである．これらの統合活動が拡大してくる時，大規模な統合機関が生み出される．律令の官僚機関，寺社，封建社会の幕府，藩の行政軍事機関，問屋商人，市場，近代社会の官僚機関，金融機関，会社，軍事機関，教育機関，宗教団体，問屋，市場，百貨店，専門化した大規模な商店，中央郵便局，中央駅，新聞・ラジオ・テレビ本社，大劇場，大ホテル，大学，研究所などがそれである．「これら統合機関の集中地点であり，支配層が統合機関を通じて，全体の統合活動を行なう中心的な核をなす」のが都市なのである（矢崎1963：50）．

■8 鈴木栄太郎の結節機関論

　明示はされていないが，**鈴木栄太郎**の都市論もワースを強く意識したものである（鈴木 1986：10；96）．鈴木栄太郎（1969：79-80）は都市を次のように定義する．「都市とは，国民社会における社会的交流の結節機関をそのうちに蔵していることにより，村落と異なっているところの聚落社会である」[5]．ここで重要なのは，①**国民社会**の中に都市を位置づけたこと，および，②**結節機関**で都市を定義したことである．これらの発想はワース（やフィッシャー）にはなく，非常にユニークである．

　結節機関には以下の9種類がある（鈴木 1969：141-142）．①商品流布（卸小売商，組合販売部），②国民治安（軍隊，警察），③国民統治（官公庁，官設的諸機関），④技術文化流布（工場，技術者，職人），⑤国民信仰（神社，寺院，教会），⑥交通（駅，旅館，飛行場），⑦通信（郵便局，電報電話局），⑧教育（学校，その他各種教育機関），⑨娯楽（映画館，パチンコ屋など）の各結節機関がそれである．①から⑤は封建都市にすでにあった結節機関である．⑥から⑨は近代都市で発達した結節機関である．

　結節機関の上位，下位の関係（関与関係）によって，都市的存在は5段階に分けられる．前都市的存在（農山村の孤立商店や床屋がある程度），農村市街地（役場，警察，駅，郵便局，組合事務所，技術機関，商店，学校，お寺などがある．この程度から都市である），小都市（農村市街地2ヵ所以上を含む結節機関がある），中都市，大都市がそれである（鈴木 1969：413）．

　国民は皆これら結節機関に連結され，国民社会を構成する．すなわち，「国民社会は，中央の巨大都市から中小都市を経て農村の一軒家に至るまで，みなもれなく連結する組織をもっている．大中小の都市は，国の中央から僻地の一軒家の農家に至るまで，全国民に文化の雛形を示し，行動の方向を教えている伝達の結節である．また，国民の求める種々の物資を，過不足なからしめるように，万遍なく配給する大小の出張所でもある．しかし，それと共に，国民が

その生産物を貢納したり，治安を求めたりするための通路であり，中央からいえば調達命令の通路である．あらゆる意味において，中央の意志に反し平安を乱した者に対しては，直ちに中央の威力が暴力の形において鎮定にでかけてくる通路でもある」．このような連結は国民社会内にはいき渡るが，外部に対しては封鎖的である．国民社会が文化的・社会的独立性をもつのはこの理由による（鈴木 1969：143）．

ところで従来の都市学説は，都市は未知の人びとからなる社会であるとか（農村は相互によく知り合った人の社会），都市は打算の世界であるとか（農村は愛情の世界），都市は人口密であるとか，社会分化や社会流動が多いとか，住民の異質性が高いとか，職業項目が多いとか指摘してきた．鈴木（1969：80）は，これら従来の学説が都市の特徴としてきたものは，都市に結節機関が存することによる「随伴的特性」にすぎないと主張する．つまり，鈴木の結節機関論は，従来のほとんどすべての都市理論を批判する，きわめて独創性豊かな学説である．

しかし，結節機関論では都市・農村の差異が結節機関の量的差異に還元され，都市・農村の質的・本質的差異がみえなくなるとの批判もある．すなわち，「社会的交流という普遍的な相互作用の形態と量にのみ基づいて説明しようとするならば，村落の様式と都市の様式の，基本的・質的差異が見失われてしまうのではなかろうか」という倉沢（1987：303）の指摘がそれである．

倉沢によれば都市の暮らしの特質は，第1に問題の自家処理能力の低さであり（村落では逆に個人的自給自足性が高い），第2に共通・共同問題の共同処理のシステムとして専門家・専門機関による専業・分業的なシステムを有することである（村落では逆に非専門化ないし住民による相互扶助的な問題処理が原則）．「鈴木のいう結節機関の有無は，この一層基本的な特性（＝都市的生活様式，山本補筆）から導かれる随伴的特性と考えるべきではないか」と倉沢（1987：303-304）は問題提起するのである．この倉沢の**都市的生活様式論**とよばれる主張は，今後の経験的検討が待たれている（倉沢 1999：214-215）．

■ 9 磯村・第三空間論と鈴木・正常生活(人口)論

　最後に，磯村の第三空間論と鈴木の正常生活（人口）論を取り上げる．両学説とも非常にユニークだが，主張は正反対である．磯村は都市生活の原則は職住分離にあり，それによって作られる，「交通」＝「移動の空間」こそは，都市にあって農村にない最大の特色とみる．この生活の移動性によって作られる空間を，第一空間（家庭），第二空間（職場）に対して第三空間とよぶ．**第三空間**は「移動の空間」だが，それに付随する盛り場や酒場などを含み，むしろこちらを重視する．

　第三空間の人間関係は**盛り場**が典型だが，匿名的である．これは身分や地位をはっきりさせて生活する，第一空間，第二空間と大きく異なる．都市はソローキンとツインマーマンの第8番目の項目（社会分化，階層分化）にあったように，格差の著しく大きな社会である（本章 2 節）．「このような生活格差の著しい環境のなかで，もしも身分や地位，役割などから解放されることがなかったならば，現代の人間は，おそらく，毎日闘争や革命の修羅場のなかにいるであろう．……しかし，現代の社会には，幸いにこのきびしさから瞬間に逃れる場がある（磯村 1976：17）」．第三空間がそれである．第三空間では匿名であるがゆえに，身分や地位から解放され，自由である．また第三空間では，"顧客" として重んじられ，"主体性" をもつことも可能である．「都市の形成が，もし，第一の空間である住居と，第二の空間である職場と，それをつなぐ交通機関だけのものであったならば，どれだけ味けないものとなるであろう（磯村 1976：18）」．第三空間こそが都市の魅力であり，第三空間こそが都市の広がりを示す．

　しかし，この第三空間の意義をめぐっては，否定的な見解もある．「ある専門科学の一部——特に社会学者——では，このような現象（＝第三空間，山本補筆）をば，社会の形成のうえでは人間生活の "泡" のごときものであり，地域社会の本質を形成するものではないとする（磯村 1976：17－18）」のである．

このように第三空間を"泡"のような,重要でない問題と位置づけるのは鈴木栄太郎の「**正常人口の正常生活**」論である.鈴木栄太郎によれば,都市には世帯(家族),職域集団(職場),学校,生活拡充集団(レクレーション団体,社交団体,文化団体など),地区集団(町内会や隣組など)の5つの集団がある.「正常人口の正常生活」論が重視するのは,これら5つの集団の内,**世帯と職域集団(と学校)**である.つまり,鈴木は磯村と反対に,第一空間,第二空間(鈴木の言葉では世帯と職域集団)こそが重要と考える.生活拡充集団(≒第三空間),地区集団は,"浮光的泡沫的集団"とされ,重視されない.

鈴木のいう「正常」(およびその反対の「異常」)な生活とは次のように定義される.「正常な生活とは,その生活の型を続けて行く事によって,少なくとも社会の生活が存続しうるものであり,異常な生活とは,その生活の型を続けては社会の生活が存続し得ないものである(鈴木1969;150)」.

鈴木は人の一生を幼児期,就学期,職業期,老衰期と分け,上記の定義により,幼児期と老衰期は異常,職業期と就学期は正常の範疇に入れる.職業期では家族と職場が,就学期では家族と学校が生活の中心にある.したがって,正常生活の中核は,世帯,職場,学校にある.「都市生活を構成している基盤的集団として,世帯と職域集団の外に学校を私は認めている.この三種の集団が,都市生活の基本的な枠をなしているのである(鈴木1969;36)」.

生活拡充集団と地区集団はともに余暇集団である.「余暇集団は,いわば現代都市の花である.人は,その花の華麗さに魅せられ,千種万様の色香に惑乱する.そして,そこに現代都市の形と動きとを看取しているように誤認する」.しかし,そこには生活と社会の基盤は存在しないのである(鈴木1969;235).

10 さまざまな都市の見方,都市の姿

さまざまな都市の見方,都市の姿を示してきた.多少の整理をして締め括りたい.

① 非日常（いうなれば，匿名のハレ空間である第三空間）を重んずる磯村と，日常（いうなれば，実名のケ空間である正常生活（人口））を重んずる鈴木の立場はまったく正反対である．この問題に決着をつけるのは難しい．人間生活にとって日常は重要だが，だからといって，非日常が重要でないとはいえない．

② 鈴木・正常生活（人口）論はワースの着目した社会解体論的都市研究とはまったくちがう研究方針を提起する．すなわち，鈴木・正常社会学とワース・異常社会学（社会病理学）の対比がここにある[6]．

③ 鈴木・結節機関説，矢崎・統合機関論＝国民社会論的・社会体制論都市論とワース，フィッシャー・アーバニズム論＝人口論的・生態学的都市論の対比も，②の正常・異常の対比とならんで，日本都市社会学の独創であり，重要である．

④ 鈴木・正常生活（人口）論とフィッシャー・下位文化論は，都市の統合について興味深い対比を提供する．フィッシャーは逸脱や非通念性への着目から都市の統合について次のように述べる．「大都市は，市民が共通の"社会的世界（social world）"を所有することで統合されているわけでもなければ，無規制状態にある"大衆社会"のフォーマルな媒介手段によって統合されているのでもない．……厳密に考察したわけではないが，仮に（都市が）統合されたことがあるなら，それは，多様な下位文化のあいだに行われる交流や交渉や紛争等を基礎にして成立するのではないだろうか（Fischer 1975 = 1983：81）」．

このようなフィッシャーの**都市統合のイメージ**（下位文化の交流・交渉・紛争を通しての統合）は，鈴木の正常生活（人口）論による統合とは相当異なる．正常生活（人口）の典型は職業期にある．「それは食うために働いている生活である．そこに，人生のもっとも赤裸々な姿がある．そこにこそ社会生活の基本的な構造の原則もひそんでいる（鈴木 1969：173）」．鈴木の統合は「食うために働く」生業関係（職域集団）の冷厳な合理（鈴木 1969：558）による．

⑤ 以上のように，現代の都市研究は研究の基本方針を模索しながら進んで

いる．日本の人口の91.4%は都市（市部）に住み（2015年国勢調査，表4−2），67.3%は人口集中地区（DID）に住む（2010年国勢調査）[7]．このように多くの人が都市に住むが，都市の見方，都市の姿を確定するということは，予想以上に困難な課題である．このことは都市という複雑な対象を研究する場合，少なくとも現時点ではやむをえないことであり，健全なことでもある．

表4−2 市部・郡部別人口割合（%）

年 次	市 部	郡 部
1920	18.0	82.0
1930	24.0	76.0
1940	37.7	62.3
1945	27.8	72.2
1950	37.3	62.7
1955	56.1	43.9
1960	63.3	36.7
1970	72.1	27.9
1980	76.2	23.8
1990	77.4	22.6
2000	78.7	21.3
＊2000	86.0	14.0
2005	86.3	13.7
2010	90.7	9.3
2015	91.4	8.6

出典）国勢調査．
＊2005年10月1日現在の市町村の境域に基づいて組み替えた平成12年の人口を示す．

注）
1) ワースの命題群の整理は，高橋（1969：88−91），倉田（1970：118−123）を参照した．
2) ワースの三重図式の整理は，高橋（1969：88−91），神谷（2000：71−75）を参照した．
3) アクセルロッド以外の種々のワース批判は，倉田（1970：123−125），鈴木（1986：99），Axelrod（1956 = 1978：220）などの文献に紹介されている．
4) ただし，鈴木（1986：92−122）が示唆するように，このようなワース批判に

難点も多い．デトロイトはシカゴと似ているが，人口急増ということに関しては ワースのシカゴよりもずっと安定している．また，ワースやシカゴ派の都市研究 は，アクセルロッドの論点については充分自覚的であったと考えることもでき る．ワースには『ゲットー』という古典的著作があるが，ここに示されたのは， 民族的居留地つまり都市中間集団が健在であることの指摘である．

5）なお，聚落社会の定義は，「共同防衛の機能と生活協力の機能を有するために， あらゆる社会文化の母体となってきたところの地域的社会的統一であって，村落 と都市の二種類が含まれている（鈴木 1969：80）」．

6）正常と異常は本来つながった現象である．両者をつながったままで研究するパ ラダイムが必要だろう．この問題については，本稿ではふれられなかった．

7）人口集中地区（Densely Inhabited District）については，山本（2003：141），総務庁統計局ホームページ『平成 22 年度国勢調査　解説シリーズ　最終報告書『日本の人口・世帯』などを参照されたい．

参考文献）

Axelrod, R. E., 1956, "Urban Structure and Social Participation", *American Sociological Review*, 21, 14-18. (= 1978, 鈴木広訳「都市構造と集団参加」同編『都市化の社会学（増補）』誠信書房：211-221).

Fischer, C. S., 1975, "Toward a Subcultural Theory of Urbanism", *American Journal of Sociology*, 80. 1319-1341. (= 1983, 奥田道大・広田康生訳「アーバニズムの下位文化理論に向けて」同訳編『都市の理論のために』多賀出版：50-94).

――, 1982, *To Dwell among Friends : Personal Network in Town and City*, The University of Chicago Press. (= 2002, 松本康・前田尚子訳『友人のあいだで暮らす――北カリフォルニアのパーソナルネットワーク――』未来社).

――, 1984, *The Urban Experience*, Harcourt Brace Jovanovich. (= 1996, 松本康・前田尚子訳『都市的体験』未来社).

磯村英一, 1976, 『都市学』良書普及会.

神谷国弘, 2000, 『社会と都市の理論』晃洋書房.

倉沢進, 1987, 「都市的生活様式論序説」鈴木広・倉沢進・秋元律郎編『都市化の社会学理論――シカゴ学派からの展開――』ミネルヴァ書房：293-308.

――, 1999, 『都市空間の比較社会学』放送大学教育振興会.

倉田和四生, 1970, 『都市化の社会学』法律文化社.

Park, R. E., 1916, "The City : Suggestions for the Investigation of Human Behavior In the Urban Environment", *American Journal of Sociology,* xx. 577-612. (= 1978, 笹森秀雄訳「都市」鈴木広編『都市化の社会学（増補）』誠信書房：57-96).

Sombart, W., 1931, "Städtishe Siedlung, Stadt", *Handwörterbuch der Soziologie*. 527-533.（＝1978，吉田裕訳「都市的居住――都市の概念」鈴木広編『都市化の社会学（増補）』誠信書房：57-96).
Sorokin, P. A., and C. C. Zimmerman, 1929, *Principles of Rural-Urban Sociology*, Henry Holt.（＝1940，京野正樹訳『都市と農村――その人口交流――』巌南堂書店).
鈴木栄太郎，1969，『都市社会学原理（鈴木栄太郎著作集Ⅵ）』未来社.
鈴木広，1969，『都市的世界』誠信書房.
――，1986，『都市化の研究』恒星社厚生閣.
高橋勇悦，1969，『現代都市の社会学』誠信書房.
Weber, M., 1921, *Die Stadt*, J. C. B. Mohr.（＝1979，倉沢進訳「都市」尾高邦雄責任編修『ウェーバー（世界の名著61）』中央公論社).
Wirth, L., 1938, "Urbanism as a Way of Life", *American Journal of Sociology*. 44. 3-24.（＝1978，高橋勇悦訳「生活様式としてのアーバニズム」鈴木広編『都市化の社会学（増補）』誠信書房：127-147).
山本努，2003，「都市化社会」井上眞理子・佐々木嬉代三・田島博実・時井聰・山本努編『欲望社会――マクロ社会の病理・社会病理学講座第2巻――』学文社：139-154.
矢崎武夫，1962，『日本都市の展開過程』弘文堂.
――，1963，『日本都市の社会理論』学陽書房.

自習のための文献案内）
① 高橋勇悦・大坪省三編，2007，『社会変動と地域社会の展開』学文社
② 松本康編，2014，『都市社会学・入門』有斐閣
③ 高橋勇悦監修，2008，『21世紀の都市社会学（改訂版）』学文社
④ 倉沢進，1999，『都市空間の比較社会学』放送大学教育振興会
⑤ 神谷国弘，2000，『社会と都市の理論』晃洋書房
⑥ 鈴木広編，1978，『都市化の社会学（増補）』誠信書房
⑦ 鈴木栄太郎，1969，『都市社会学原理（鈴木栄太郎著作集Ⅵ）』未来社
⑧ 町村敬志ほか編，2011，『都市社会学セレクション（第1巻・第2巻・第3巻）』日本評論社

社会学の都市研究にはよい入門書は多く，それぞれに特色がある．①②③は現代日本都市の現実から，都市社会学のオーソドキシーをわかりやすく解説する．④は国際的（日・アジア・欧米・メキシコなど），国内的な比較の視点で書かれた都市社会学テキスト．⑤は社会学の基礎を解説し，それを土台に都市社会学入門を果たす試み．⑥は欧米都市社会学の必読論文の編訳集．⑦は日本都市社会学の最

高の著作．⑥⑦を読んでいない都市社会学研究者，専攻学生はモグリである．両者とも入門書を読んだら精読したい．⑧は⑥の続編．日本，欧米都市社会学の重要論文集．じっくり取り組んでみたい．

5章　農山村

—— その現状と問題の理解 ——

1 はじめに

　われわれが生活を営む場である地域社会は，大きく分けて**都市地域**と**農山村地域**に分類されてきた．都市と農山村の対比的議論は，第4章に譲ることにし，本章では，現代の農山村地域の特徴に目を向けていく．特に現代の農山村地域がどのような暮らしの場となっているのか，どのような問題を抱えているのか，という点を重点的に解読していこう．

2 かつての農山村はどのように捉えられてきたのか

　かつての日本の農山村地域は，「**家（イエ）**」，「**村（ムラ）**」という概念で特徴づけられてきた．鳥越晧之（1985）は，西ヨーロッパ文化を背景にする「家族」という用語に対置させ，「家」を日本の個別性を視野に入れた用語としてとらえる．そして「家」の特徴として以下の3つをあげる．

① 家は家の財産としての家産をもっており，この家産にもとづいて家業を経営している一個の経営体である．
② 家は家系上の先人である祖先を祀る．
③ 家は世代をこえて直系的に存続し，繁栄することを重視する．（鳥越 1985：11 12）

つまり農地などの家産を有し，この家産を基盤にした家業経営を行っていること，先祖を大切に祀っていること，さらに代々次の世代にバトンタッチしながら繁栄をしていくこと，といったことが特徴的であり，これらの点は，社会学の多くの「家」論に共通するところである．

また単独の「家」だけでは農業生産を行うことや日々の暮らしを維持することができず，「家」同士が協力しあうことで日々の生活問題を処理していた．すなわち「家」同士の協力，共同関係によって農作業や地域の管理が可能となっていた．こうした「家」同士の関係性については，**有賀喜左衛門**による「**家連合**」という概念が著名である．

こうした「家」同士の結びつきにより形成されるのが「村」であるが，その結合や連合のあり方にはバリエーションがあり，その差異に基づき，いくつかの村落類型論が導き出されている．たとえば**福武直**(1949)は，有賀が家連合の2つの型として示した「同族団」と「組」というあり方を発展させ，「同族結合」と「講組結合」の2類型を示している．前者は，「在村大手作地主たる本家とそれに従属する小作階層たる血縁非血縁の分家とによって構成」される「主従的な縦の結合」であり，後者は「ほぼ同等の家によって構成される横の連携」である（福武 1949：36）．一方，**鈴木栄太郎**(1968＝初出 1940)による「**自然村**」という概念は，日本の「村」の固有性をあらわすものとして知られている．鈴木は，日本の農村は3つの地区から重層的に構成されており，その真ん中にあたる第2社会地区の「集団累積体」が「社会関係の比較的独立堆積体」（鈴木 1968：126）としての自然村であり，社会的統一がみられる地域社会との見方を示した．

こうして「家」や「村」は，人びとの生活や生業の共同性やつながりを説明するための概念として有効であり，日本の農山村地域を通底して特徴づける原理であった．しかし第2次大戦後は民主化が進められ，家父長制的な性質を持つ「家」は少なくとも法制度上は消えることになった．また農地改革が行わ

れ，地主・小作関係の解消がめざされた．そして1960年代の高度成長期以降，若年層の流出に伴い，農山村地域は急激な変貌を遂げる．こうした動向とともに，かつての「家」，「村」は解体したという議論が主流となり，少なくとも農山村地域に広く共通する普遍的原理ではなくなっていった．

さらに，現代の農山村地域には，かつての「家」，「村」論とは異なる原理が拡大しつつある．そうした観点を示した代表的論者としては，**秋津元輝** (1998) がいる．秋津は，農業者の新たな人間関係は，**ネットワーク概念**によってとらえられ，農業者個人が「イエやムラの範囲とは別に自らの選択によって他者と関係を結ぶ」のが，「新しい農業者の社会的世界像」であると指摘する（秋津1998：9）．このように，現代の農山村地域においては，伝統的に存在し，人びとの共同性をあらわす「家」，「村」の原理とは異なる選択性に基づく関係性も広がりつつある．

さて，このように変貌をとげてきた現代の農山村地域では，今日に至って，どのような問題に直面しているのであろうか．以下では，現代の農山村地域が抱える問題について読み解いていく．

■3 過疎化という問題 ── 過疎化はどのように進展してきたか

現代の農山村地域が抱える最も大きな問題は，やはり**過疎化**の問題であろう．日本の農山村地域は，先述したように高度経済成長期に**若年層の流出**が進んだが，そこが過疎化問題の出発点であった．そして実はそれ以降も過疎化の問題に長らく苦しみ続け，今では**地域の存続**が危ぶまれるステージにまで至っている．

過疎についての定義は政策ベースや研究者においてさまざまになされているが，人口減少に伴い，地域社会や人びとの生活の維持が困難になる，という点では一致しているであろう．国政においても1970年に制定された「過疎地域振興緊急措置法」を皮切りに，過疎地域が指定され過疎問題に対する政策対応

が継続的に実施されている．過疎問題は政策課題として重要案件であり続け，行政対応もなされてきた．

しかしながら過疎問題は，近年，いよいよその深刻さの度合いを深めている．**山本努**(2013)は，過疎地域の人口減少のあり方が時代とともに変化していることを指摘し，「人口激減期」(1965〜1975年)，「人口減少鈍化期」(1980〜1985年)，「人口減少再加速期」(1990年以降)と3つの時期に区分している．そして過疎が生じる原因そのものの変化について，1970年頃の「若者流出」型過疎から1990年以降の「少子」型過疎へ，そして現在ではいよいよ高齢人口の減少傾向までがあらわれ，**「高齢者減少」型過疎**という段階にまできていると主張している．つまり，若年層が都会へ地理的移動を行ったことによる社会減から，死亡数が出生数を上回るという自然減へと人口減少のあり方が変化する中で過疎が進行した．さらに今度は，地域の人口構成の大半を占めてきた高齢者までが減っていくという段階に至っているのである．人が減り続け，人びとの暮らしが成り立たなくなる，という予測は誰もが持つであろう．このような過疎化の問題はどのように捉えられ，解決が目指されてきたのだろうか．以下では，その代表的議論を紹介しよう．

■ 4 過疎化の把握(1)——大野晃の限界集落論

この過疎化の問題を論じる際，**「限界集落」**という用語ほど多用されたものは他にないであろう．「限界集落」とは，**大野晃**(2005)が農山村のなかでも特に山村分析を行うために用いた用語であり，「65歳以上の高齢者が集落人口の50％を超え，独居老人世帯が増加し，このため集落の共同活動の機能が低下し，社会的共同生活の維持が困難な状態にある集落」(大野 2005：22-23)をさす．この議論における大野の問題意識は，日本の山村集落が「社会的共同生活の維持が困難な状態に追い込まれている」(大野 2009：51)点にあった．そして，集落を表5—1のように　存続集落，準限界集落，限界集落，消滅集落に

表5－1　集落の状態区分とその定義

集落区分	量的規定	質的規定	世帯類型
存続集落	55歳未満人口比50％以上	後継ぎが確保されており，社会的共同生活の維持を次世代に受け継いでいける状態	若夫婦世帯 就学児童世帯 後継ぎ確保世帯
準限界集落	55歳以上人口比50％以上	現在は社会的共同生活を維持しているが，後継ぎの確保が難しく，限界集落の予備軍となっている状態	夫婦のみ世帯 準老人夫婦世帯
限界集落	65歳以上人口比50％以上	高齢化が進み，社会的共同生活の維持が困難な状態	老人夫婦世帯 独居老人世帯
消滅集落	人口・戸数がゼロ	かつて住民が存在したが，完全に無住の地となり，文字通り集落が消滅した状態	

注）準老人は55歳～64歳までを指す．
出典）大野（2009：50）より転載．

区分し，この4つの状態を移行する過程を示している．

このように1990年代に発表された諸論文において大野の描いた道筋は，高齢化の進行により集落の構成単位である家族（世帯）が変化し，生産と生活の両面において社会的共同関係を維持するための担い手を再生産できなくなり，集落を維持できなくなるというものであった．このような集落衰退と消滅のシナリオは，2000年代に入ってからメディアや行政によって大きく取り上げられ，悲観的観測とともに農山村集落の存続に対する危機感が一般的にも広く蔓延するところとなる．実際，大野が予測したように，農山村地域においては早いスピードで高齢化が進んできた．大野がフィールドとしてきた高知県の旧池川町38集落では，2001年の時点で，存続集落15.8％，準限界集落21.1％，限界集落63.2％と限界集落が大勢を占め，消滅集落への道を歩んでいる（大野 2009）．

そうした高齢化の進行により，集落の存続が困難になることは納得のいく議論である．実際に高齢者のみの世帯が大半を占める地域において筆者が実施し

た調査においても,「(自分たちが) 車に乗れなくなったら考えないといけない」という高齢者の言葉が多く聞かれた．ここには,自家用車に乗ることが集落に住み続けることを可能にする条件であり,その条件を満たすことができなくなったら集落をでていくしかないだろうという含意がある．こうした言葉は集落存続の困難さを示すものである (山下・後藤 2008).

ただ大野が示した道筋に対する批判がないわけではない．その批判点は,集落維持が難しくなる際の分析指標として,人口高齢化という指標のみが用いられたことであろう．「少なくともこれまで,明らかに目にみえる形で,高齢化→集落の限界→消滅が進行した事例はない」(山下 2012：31) と明確に指摘されているように,高齢化が進行しても,今の時点で集落の消滅には至っていないところが大半である．高齢化の進行に従い集落が消滅するという道筋は,現実には立証されていない．

■ 5 過疎化の把握(2) ──地方消滅論

過疎化の問題と関連し,現在,「限界集落」論よりさらにショッキングな用語として耳目を集めるのが**「地方消滅」**論である．これは学術的な議論からはいささか離れた政策論として発表されたものであるが,その内容ゆえに学術界も含め広い関心を喚起している．

この「地方消滅」論は,2014 年 5 月に民間団体,日本創生会議・人口減少問題検討分科会が発表したレポートとして示されたものであり,増田寛也氏を座長とすることから**増田レポート**という名で話題になった．このレポートの核心は,「人口が減り続け,やがて人が住まなくなれば,その地域は消滅する」(増田 2014：22) というまさしく地域がなくなる可能性を明確に示し,その対策を打ち出したことにある．その特徴は以下のようにまとめられる．第 1 に人口減少と地域消滅への強い危機感を数値データとともに示したこと,第 2 に地域の消滅可能性を測定する指標として人口の「再生産力」を設定し,その指標と

して出産可能年齢とする20〜39歳までの女性人口の減少率を用いたこと，第3にこの指標を用い，全国自治体の約5割に相当する896自治体を2040年までには消滅する可能性のある地域として名指しであげたこと，第4に人口減少への対応策として，子育て支援策を打ち出したこと，第5に同じく人口減少への対応策として，地域戦略を打ち出し，東京一極集中へ歯止めをかけるために「若者に魅力のある地域拠点都市」を形成することを掲げたこと，第6にそうした地域対策において，全体に対する総花的対策ではなく，「人口減少という現実に即して最も有効な対象に投資と施策を集中することが必要」(増田 2014：48) などと「**選択と集中**」という方向性を示したことである．

　このレポートは，先述したように，そのセンセーショナルな内容から社会的にも大きな反響を呼んでいる．また発表からまださほど時間が経過していないにもかかわらず，特に「選択と集中」路線には，研究者ベースからもいくつかの反論がだされている．山下祐介 (2014) は，「地方消滅」論は，危機感を煽るものであり，「選択と集中」路線は，弱者切り捨てや地方切り捨てに帰結するという (山下 2014：20-21)．また徳野貞雄 (2015) は，本レポートは，経済合理性に基づく課題への対応策を示したものであり，その結果経済合理性になじまない農業・農村は縮小されると批判する．また実際の地域では，人口減少に適応した新たなモデルが実際に機能しているという．次ではその徳野の議論を詳細にみていこう．

■ 6 過疎化の把握(3)——徳野貞雄の修正拡大集落論

　過疎化する農山村地域に対する危機感に対するさまざまな分析や振興策が，政策上においても研究上においても打ち出されている．このようななか，経済的合理性，効率性をもとに集落存続が可能かどうかを判断する従来の政策や研究者の姿勢とは一線を画するのが，**徳野貞雄** (2014・2015) である．

　徳野は，農山村地域衰退という危機への対応として2つの流れがあることを

提示している.ひとつは「統計データを軸として現在の農山村の経済的な構造分析を加え,各課題がどの程度悪化しているかを個別課題別に原因を探り,その解決策を模索する方法」(徳野 2015：21) であり,解決方法として「外部からの補助金を軸とした政策支援や経済振興策を中心に提示」(徳野 2015：21) するものである.そしてもうひとつは,「農山村に住み暮らす人々の生活実態に着目し,彼らの居住地が過疎地であろうが限界集落であろうが,暮らし続けたいという住民の生活基盤を拡充するための条件を模索するもの」(徳野 2015：21) であり,解決策としては「経済合理性だけでなく生活合理性をも含めた内発的主体性を重視する」方法をとるものである.前者に該当するのは,前述の「限界集落」論や「地方消滅」論[2]であり,徳野自身は後者の系譜に属するという立場を表明している (徳野 2015：21).

　徳野はこうした立ち位置から,人口減少に適応していく過疎農山村の地域社会モデルとして「**修正拡大集落**」という概念を提示する.これは徳野自身の調査から発見されたものであり,特に生活サポート基盤要件として他出子のサポートがあることが見出されている.徳野は,現代の農山村地域において,かつての集落の再生は不可能でも,「住民の生活安定を軸とした集落の変容・修正拡大集落 (ネット型集落) モデルの構築は可能」であり,「現代的な『集落変容』による維持・存続は可能である」(徳野 2014：41) と主張する.

❼ 農山村地域の主体性を伴う解決の必要性

　このように農山村地域が抱える過疎化の問題は切迫しており,その解決も喫緊の課題である.これまで論じてきたように「地方消滅」論から「修正拡大集落」論のように,その捉えかたも解決の方策も論者によって大きく異なっているが,やはり切り捨て論ではなく,農山村地域の主体的解決という方向性は重要であろう.その意味で,徳野が示した論点は重要であり,地域に暮らし続けたいと願う住民の立場からその生活条件を模索する,という姿勢は示唆に富

む.また世帯・人口が減少した農山村地域においても,「空間を超えた家族機能（他出子との相互支援）」（徳野 2014：52）を有する新たな地域社会モデルが提示されたことは,農山村地域の再構築に対する展望を持つこともできる.しかしながら,このモデルにしてもいつまで有効であり続けるか,という疑問は依然として残るのである.

農山村地域の過疎化の問題については,明確な解決策がみえない状況であり,今後も予断を許さない.その問題については政策上も研究上も解決に向けた動きが継続的に必要であるが,住民の主体性を伴う議論は必至である点については,論を俟たないであろう.

8 客体化されるという問題——消費と観光の場となった農山村地域

かつての農山村地域は,農業生産の場として特徴づけられてきたが,今日の農山村地域は,**消費の場**や**観光の場**としての側面も有する.そうした側面は1990年代から顕著になり,農産物に加え,農山村地域が有する景観や自然も利活用されながら,直売所,オーナー制度,農家民泊などのグリーン・ツーリズムや都市農村交流として広まりをみせてきた.

今日の農山村地域が消費や観光の場となったことは,政策的動向にもあらわれている.日本の国土計画である「全国総合開発計画」は,1962年以降,5回にわたって策定されてきたが,1989年に第5次計画として策定された「21世紀の国土のグランドデザイン」は,それまでのリゾート開発による地域政策に代わり,農山漁村を多自然居住地域とする考え方のもと,自然環境や文化,農地などの地域資源を再発見することや,自然環境を活用した地域づくりの必要性が示されている.またその延長線上に,交流人口の拡大やUターン,Jターン,Iターンによる地域づくりが目指されてきた.また1994年には,「農山漁村滞在型余暇活動のための基盤整備の促進に関する法律（農村休暇法）」が制定された.この法律は,その目的を「都市の住民が余暇を利用して農山漁村に

滞在しつつ行う農林漁業の体験その他農林漁業に対する理解を深めるための活動のための基盤の整備を促進」することとしており，農山漁村が都市住民の余暇活動の場となることが法的にも示したものである．

　農山村地域がこうして消費の場や観光の場となった背景には，都市住民にとっての癒しや自然回帰のための方策と同時に，農山村地域の衰退を食い止めるための方策という，二重の期待が存在していた．立川雅司 (2005) は，農業生産の場として理解されてきた農村が，消費の場としての需要が大きくなっていることを論じている．そして，「まなざし」という概念を用い，農村に対して新たなまなざしを向ける外部主体として，第1に都市ないし消費者，そして第2に行政をあげ，それぞれが「消費的まなざし」と「政策的まなざし」を向けてきたという．「消費的まなざし」とは，人間性を回復する＜いなか＞として農村を捉えるものであり，「その意義を再評価しつつ，農村空間を商品化していこうとする」ものである．そして「政策的まなざし」は，農村を「危機に瀕する」ものとして捉え，「条件不利地域であるがゆえに政策介入を進め，都市農村交流などを積極的に推進すべき対象」として位置づけいくものである（立川 2005：24）．

　また古川彰と松田素二 (2003) は，グリーン・ツーリズムを例にとり以下のような議論を展開する．

　　都市的文明の病理から人間性を回復させる試みと，過疎地の自然環境保全と地域振興を同時に達成しようというグリーン・ツーリズムの実践を，都市生活者，農山漁村生活者の双方は，それぞれの思惑をこめながら展開させてきた（古川・松田 2003：11-12）．

同時に「グリーン・ツーリズムは，都市と農山漁村双方の必要で成立したような体裁をとっているものの，明確に都市の論理と必要によって誕生したもの」とも指摘している（古川・松田 2003：12）．

これらの議論に共通しているのは，農山村地域が持つ消費や観光の場という側面には，都市住民の人間性回復の方策と地域衰退をとめるための方策が併存していたということ，またそれらはともに外部から持ち込まれた視点であり，そこに地域の主体性が伴っていない動きであった，ということであろう．すなわち**外部主導**で進められ，農山村地域は「まなざし」を向けられる**客体**であったということになる．

　しかしながら立川が，「農村空間が様々な『まなざし（消費的まなざし，政策的まなざし）』にさらされながら，その要求に応じていかに再構築・利用されていくのか，という点を検討の中心に据えるべき」（立川 2005：29）と論じ，古川と松田が「現実に小さな共同体が実践し認識するレベルに立って，グリーン・ツーリズムや観光現象を地域生活の目線で考察する必要がある」（古川・松田 2003：22）と論じているように，客体視された農山村地域の主体的な変化も観察されてきた．そこには，「都市の論理で生まれた近代観光を，現代世界に流布する意味群を活用して，地域生活者が読み替え，小さな共同体を活性化していく姿」（古川・松田 2003：25）があったといえる．筆者が実施した都市農村交流の調査においても，交流舞台となった地域の消滅が食い止められたかどうかの是非はともかく，地域のリーダーと住民が主体的に交流を進める中で，地域がいきいきと再生していくプロセスをみることができた（山下・後藤 2008）．

　観光の場，消費の場として客体とみなされてきた農山村地域が，**主体性**を帯びた動きを取り戻し今後どのような展開をみせるのか，実際の農山村振興の動きを今後も見守る必要があろう．

9 ジェンダー非対称という問題——農山村地域の女性が抱える固有の問題

　農山村地域の女性をめぐる問題に目が向けられるようになったのは，比較的近年になってからであり，問題が解消されたといえる段階ではないが，進展はみられる．農山村地域の現代的課題として，最後に，農山村地域に暮らす女性

が直面する問題状況，また改善状況について取り上げることにしよう．

　農山村地域では，**生活面や農業労働面において男女間の不平等な関係性**があることがいわれてきた．代表的な問題としては，農業労働において性別役割分業があること，農業経営も男性主導で行われていること，女性には農業労働の対価としての報酬がなく自分名義の財産を持つことができなかったこと，そして家族の代表として男性が位置づけられ女性は社会との接点をもつことができなかったこと，などがあげられる．こうした**ジェンダー非対称**の関係性はなぜ生じたのか．その背景を歴史的に紐解いてみるとやはり生業として農業が中心であったことが影響している．

　日本の農業は，農地を生産手段とし，家族単位で生産，経営が行われてきた．その家族においては，男性である「家長」の権限が強かった．農地を含む財産は「家長」の所有であり，生産や経営に関する意思決定も「家長」に権限が集中していた．さらに，戦前の明治民法の家制度のもとでは，家督や財産は「家長」となる跡継ぎが単独相続していた．戦後の民放改正により家制度は廃止され，財産についても均分相続となったが，農地については分散されないよう跡取りによる相続が続いた，という事情がある．こうして「家長」である男性に権限が集中し，その結果，生活や労働の場で女性は不利な立場におかれてきた．こうした状況は，民主化が進められた戦後も継続して続いてきたといえる．

　しかし，こうしたジェンダー非対称の問題はやはり改善の必要なものとして，問題視されるようになっている．このジェンダー問題の解消に対し，農山村地域を対象とした女性政策は少なからず貢献してきたといってよい．女性の人権尊重や社会参画拡大へ向けた動きは，1975年の国際婦人年以降，国際的潮流となり，各国においてさまざまな政策が展開されている．日本は後発とはなったが，1999年「男女共同参画社会基本法」が制定され，また同年に制定された「食料・農業・農村基本法」には，農山漁村における男女共同参画が推進することが明記されている．

図5—1 家族経営協定締結農家数の推移

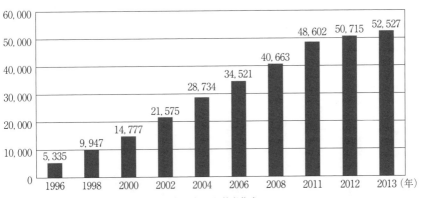

出典）農山漁村男女共同参画推進協議会（2013）より筆者作成.

　農山村地域のジェンダー非対称の改善に向けて示されたこのような政策の具体的内容はどのようなものだろうか．「男女共同参画基本法」に基づく「第3次男女共同参画計画」（2010年）には「活力ある農山漁村の実現に向けた男女共同参画の推進」という項目が含まれている．政策・方針決定過程への女性の参画拡大，女性の経済的地位の向上などが謳われ，成果目標として農業委員会，農業協同組合において女性役員が登用されていない組織をなくすこと，また家族経営協定の締結数が盛り込まれた．さらに「食料・農業・農村基本法」に基づく「平成22（2010）年 食料・農業・農村基本計画」でも，農村女性の農業経営への参画，女性の起業活動の促進，家族経営協定の締結の促進が謳われ，農業協同組合の女性役員，女性農業委員等の登用増加の目標を設定することが盛り込まれている．つまり農業経営における女性の地位向上，地域社会における女性の参画と地位向上が目指されている，といってよい．
　農業経営における女性の地位向上には，女性が自分自身の収入を得ることができる，といった経済的地位の向上や，労働時間や休日取得などの労働環境の整備がのぞまれるが，こうしたことを家族内で取り決めるのが，上記の家族経営協定である．締結実績は，図5—1に示したように年々上昇しているが，そ

図5−2　農協の女性正組合員数と女性正組合員比率の推移

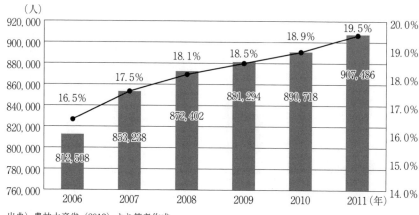

出典）農林水産省（2013）より筆者作成．

表5−2　農協の女性役員数，女性比率の推移

	役員合計数（人）	うち女性役員数（人）	女性役員比率
2006年	22,035	465	2.1%
2007年	21,331	525	2.5%
2008年	20,074	605	3.0%
2009年	19,505	690	3.5%
2010年	19,161	741	3.9%
2011年	18,990	851	4.5%

出典）農林水産省（2013）より筆者作成．

れでも農家に占める比率は，2010年において13.5％とまだ1割強程度であり決して高くはない．また地域社会における女性の参画，地位向上に関しては，農業者団体への女性の参加比率，役員比率などが評価指標となる．図5−2，表5−2に示した農業協同組合のデータのように，これについても増加傾向にあるが，しかしながら，その比率は依然として低い．

　実はこのような農山村地域の女性研究は遅れた歴史があり，農村社会学でもフェミニズムの分野でもあまりとりあげられてこなかった．しかし近年では，

農山村地域の女性の実態をとらえる研究も進みつつある．たとえば農業委員や農協役員など女性リーダーや，女性の起業事例など，女性参画の進展が明らかにされている．ただしこれらはあくまで先進事例であり，現実的には，ジェンダー非対称の関係性は依然としてあるといってよい．

　現代農山村のジェンダー非対称の状況を明確に示したものとして取り上げたいのは，農業労働におけるジェンダー構造をとらえる渡辺めぐみ (2009) による研究である．渡辺は，農業労働における性別役割分業に注視し，質的調査に基づき，ある労働が「女性向き」とされる農業労働の「ジェンダー化」があり，なかでも「細かい」と形容される労働が「女性向き」と意味づけされやすいことを指摘している．そして「細かい」労働には，「精神的に疲弊する単調労働や，自分で仕事のペースを自由にできない調整的な仕事が含まれ」，「女性の過重労働が隠ぺいされている恐れ」(渡辺 2009：183) があることを明らかにしている．また一方で農業労働の「ジェンダー化」には女性自身による戦略的側面があることも発見している．すなわち出産，育児によるブランクにより農作業スキルの獲得においてハンディを抱えやすい女性自身が，「やりがい」のある農業労働を自らの役割として囲い込む方法として，「細かい」労働を「女性向き」と意味づける傾向があることを示している．

　この研究は，現代に生きる農山村地域の女性問題の真髄をとらえる非常に優れた研究としてとらえられる．男女共同参画関連の施策推進により，農山村地域の女性がおかれている状況は改善しつつあるといえるが，渡辺の研究が明らかにしているように，ジェンダー非対称の関係性はまだ多く残っている．農山村女性が男性との平等性を手中に収めたとは決して言えない状況であり，先進事例のみならず，全般的なジェンダー平等の実現へ向け，早期の改善が望まれる．

10 おわりに

　以上，主に農山村地域の現代的位相とその問題を読み解くことを主眼として論じてきた．過疎化の問題，客体視されるという問題，女性がおかれている立場ともに，深刻な問題であり，急ぎ解決が必要である．かつ解決へ向けては，その主体性を損なうことなく方向性を定める必要がある．暮らしの場として，また農業生産の場として重要な農山村地域の存続に向け，農山村地域に暮らし，そこで生活を送り続ける人びとの主体的決定を中核に据え，その方策を考えていく必要があるだろう．

注）

1）ただし大野自身は，過疎化という用語は用いていない（大野 2005：295）．
2）原文では「地方創生」論と表現されている（徳野 2015：21）．

引用文献）

秋津元輝，1998，『農業生活とネットワーク——つきあいの視点から』御茶の水書房．
福武直，1949，『日本農村の社会的性格』東京大学出版会．
古川彰・松田素二，2003，「観光という選択——観光・環境・地域おこし」古川彰・松田素二編『シリーズ環境社会学4　観光と環境の社会学』新曜社，1-30.
増田寛也編，2014，『地方消滅——東京一極集中が招く人口急減』中央公論新社．
大野晃，2005，『山村環境社会学序説——現代山村の限界集落化と流域共同管理』農山漁村文化協会．
——，2009，「山村集落の現状と集落再生の課題」日本村落研究学会監修　秋津元輝編『村落社会研究45　集落再生　農山村・離島の実情と対策』農山漁村文化協会，45-87.
鈴木栄太郎，1968，『鈴木栄太郎著作集Ⅰ　日本農村社会学原理（上）』未来社．
立川雅司，2005，「ポスト生産主義への移行と農村に対する『まなざし』の変容」日本村落研究学会編『村落社会研究41　消費される農村——ポスト生産主義下の「新たな農村問題」』農山漁村文化協会，7-40.
徳野貞雄，2014，「限界集落論から集落変容論へ」徳野貞雄・柏尾珠紀『T型集落点検とライフヒストリーでみえる　家族・集落・女性の底力——限界集落論を超

えて』農山漁村文化協会，14-55．
―――，2015，「人口減少時代の地域社会モデルの構築を目指して――『地方創生』への疑念」徳野貞雄監修・牧野厚史・松本貴文編『暮らしの視点からの地方再生――地域と生活の社会学』九州大学出版会，1-36．
鳥越皓之，1985，『家と村の社会学』世界思想社．
渡辺めぐみ，2009，『農業労働とジェンダー――生きがいの戦略』有信堂高文社．
山本努，2013，『人口還流（Uターン）と過疎農山村の社会学』学文社．
山下亜紀子・後藤靖子，2008，「農村住民にとっての都市―農村交流の意味――棚田オーナー制度をめぐって」『宮崎女子短期大学紀要』34，97-105．
山下祐介，2012，『限界集落の真実――過疎の村は消えるか？』筑摩書房．
―――，2014，『地方消滅の罠―「増田レポート」と人口減少社会の正体』筑摩書房．

引用資料）
農林水産省，2013，『総合農協統計表』．
農山漁村男女共同参画推進協議会編，2013，『「家族経営協定」のすすめ（改訂版）』農山漁村男女共同参画推進協議会．

自習のための文献案内）
① 鳥越皓之，1993，『家と村の社会学　増補版』世界思想社
② 細谷昂，1998，『現代と日本農村社会学』東北大学出版会
③ 山本努，1996，『現代過疎問題の研究』恒星社厚生閣
④ 徳野貞雄監修・牧野厚史・松本貴文編『暮らしの視点からの地方再生――地域と生活の社会学』九州大学出版会
⑤ 日本村落研究学会編，2005，『村落社会研究41　消費される農村――ポスト生産主義下の「新たな農村問題」』農山漁村文化協会
⑥ 秋津元輝・藤井和佐・澁谷美紀・大石和男・柏尾珠紀，2007，『農村ジェンダー――女性と地域への新しいまなざし』昭和堂
⑦ 渡辺めぐみ，2009，『農業労働とジェンダー――生きがいの戦略』有信堂高文社

　日本社会の「家」・「村」論については，膨大な文献量があり，体系的理解には時間を要するが，①は非常にわかりやすくまとめられたものである．また②は東北地域を中心に村落研究を続けてきた研究者の名著でありぜひ読んでほしい1冊である．
　過疎化の問題について社会学的に論じた文献としては③をおすすめしたい．また本文でも論じた徳野貞雄らによる最新の文献が④であり，これもあわせて読むことで問題への視点が広がるだろう．
　農山村地域が客体視される，という問題については，村落研究の学際的学会であ

る日本村落研究学会が出した ⑤ がおすすめである．
　農山村地域のジェンダー問題については，体系的に議論されている ⑥ と，本文でもとりあげた ⑦ をぜひ手にとってほしい．

6章 福祉

―― 高齢化と支え合う社会 ――

1 福祉とは

「福祉」(welfare) という言葉は, 私たちの身の回りにあふれている. 福祉の仕事という言い方をすることもあるし, 福祉学科を有する大学もある. それでは, そもそも「福祉」とは何だろうか. 結論から言うと, 福祉とは, ひとつの意味で用いられるわけではなく複数の意味で用いられている. 武川 (2012) によると, 福祉の意味は大きく2つに分けられ, 福祉の意味のひとつは, 「困っている人や社会的に弱い立場にある人に対する援助や支援のことを指して『福祉』という場合である」(武川 2012：26). 高齢者福祉, 児童福祉, 障害者福祉などの言い方を聞いたことがある人もいると思うが, 高齢者, 子ども, 障害者など特定の人びとへの援助等を指して, 「福祉」という言葉を用いる場合である. この意味での「福祉」は「狭義の福祉」(武川 2012：27) と呼ばれる.

他方で, 「福祉」という言葉はより広い意味で用いられることがある. 武川 (2012) は福祉という言葉の語源を調べ, 「要するに, 『福祉』は, 同じく『しあわせ』や『さいわい』を意味する『福』と『祉』という二つの漢字から成り立つ熟語である」(武川 2012：26) と説明する. 「公共の福祉」という言葉を聞いたことがある人もいると思うが, この場合, 人びとや社会全体の幸福を指して「福祉」という言葉を用いている. このように, 個人や人びと, 社会全体の幸福という意味で, 福祉という言葉が広い意味で用いられる場合, この意味での「福祉」は「広義の福祉」(武川 2012：27) と呼ばれる. 福祉社会学において,

「福祉」を扱う場合，狭義の福祉のみを扱うのではなく，広義の福祉として広く検討していると言える．

それでは，社会学は福祉的課題をどのように扱ってきたのか．現在では，福祉領域における社会学的研究として，いくつか主要なものを例示するだけでも，ケア，家族，障害，格差，福祉国家・福祉政策，ボランタリズムなどさまざまなテーマに関する研究が見られる（武川 2013）．しかし，実は「**福祉社会学**」という分野は，比較的最近注目されるようになった分野であり，1990 年代以降，特に福祉に関する社会学の研究の量的な増大およびテーマやアプローチの多様化が進んだと指摘される（平岡 2010）．そのため，福祉社会学は，「社会学のなかでも，家族社会学，地域社会学，労働社会学など他の社会学分野（個別分野の社会学は『連字符社会学』などと呼ばれる）に比べると，それほど市民権を得た表現ではない」（武川 2012：24）と指摘されることもある．

日本における福祉領域の社会学的研究をふりかえると，当時それらが「福祉社会学」と呼ばれることはなかったものの，1970 年代頃からまとまった業績が見られるようになり，その後，1970 年代の社会計画論，1980 年代以降の福祉国家論，社会政策論などを中心に展開され（平岡 2010），マクロレベルからの検討や理論的検討という側面が強く見られた．しかし，副田（2008）が『福祉社会学宣言』において，生活保護を取り扱うケースワーカーの事例や，老人ホームにおける施設側と入居者との関係，親による障害児殺し事件における減刑反対運動の様相などを取り上げて描いて見せたように，社会学が取り扱う福祉的課題というのは，国家レベルの制度や政策といったマクロレベルだけにあるのではなく，人びとの日々の営みなどの，よりミクロな領域においても見られる．これまでも，人びとの福祉観や社会参加活動への参加実態，福祉サービスの提供の状況など，よりミクロな領域における実証的研究も積み重ねられてきた（平岡 2010）．そこで，本章では，福祉社会学の中のいくつかのキーワードを押さえながらも，国家レベルの社会政策論などマクロ領域からではなく，よりミクロな領域における福祉的行為や人びとの相互関係の視点から，現代社会に

おける福祉的課題について考えていきたい．その際，福祉社会学といってもさまざまな領域があるが，その中でも高齢者をめぐる状況を軸に議論を進めていく．日本においては近年高齢化が急速に進展し，高齢者をめぐる家族関係や地域関係も変化している．そのようななか，人口の多くを占める高齢者の生活について，そもそもどのような生活を送っていて，どのような点に課題が見られるのか考えていくことは重要となる．

2 高齢者の位置づけ

　高齢者を取り上げ論を進めていくにあたり，その位置づけを考えてみよう．まず，「老い」とは，単に年齢によってのみ決まるものではないとされることもあるが (Beauvoir 1970 = 2013)，日本では一般的に，65歳以上を高齢者として扱うことが多いように思われる．よく耳にする「**高齢化率**」も65歳以上の人口比率を指す．ある年齢以上の人を「高齢者」とひとまとめに議論することには危険性も存在するように思うが，とりあえずは本章でも一般的な用例にならう形で65歳以上の人びとを「高齢者」として議論を進めていきたく思う．ただし，本章では，厚生労働省や内閣府などによる統計等を引用し議論を進めるが，これらにおいては，65歳以上ではなく，60歳以上を対象とした統計等も含まれる．60歳以上を高齢者とした統計データ等を引用する場合は，以下そのことを明記している．

　それでは，「高齢者」と呼ばれる人びとはどの程度いるのだろうか．日本における高齢化率（65歳以上人口比率）を見てみると，2013年時点での高齢化率は25.1％であり，4人に1人が高齢者であることがわかる（国立社会保障・人口問題研究所 2015）．高齢化率が7％を超えると「高齢化社会」，14％を超えると「高齢社会」などと呼ぶこともあるが，日本における高齢化率は，1970年には7.1％だったが，1995年には14.6％，そして前述のように2013年には25.1％と，ここ数十年の間に急速に進んでいる．海外の事例と比較しても，高齢化率

が7％から14％になるまでの所要年数（倍加年数）は，フランス114年，スウェーデン85年，比較的短いイギリス46年，ドイツ40年であったのに対し，日本では24年と特に短く，日本における人口構造は海外と比べても急激に変化している．このように急速に進展する高齢化の中，人口の4分の1を占める高齢者はどのような生活を送っているのか本章では考えていく．次節以降，高齢者の状況について，まずはその家族関係から見ていきたいと思う．

　ただし，「高齢者」とされる人びとは，自身のことを「高齢者」とは捉えていない場合もあることにも注意が必要である．「高齢者の日常生活に関する意識調査」（内閣府 2015a）では，60歳以上の人びとに対し「あなたは，一般的に何歳頃から『高齢者』だと思いますか」と尋ねている．その結果，「60歳以上」1.1％や，「65歳以上」6.4％といった回答はかなり少ない．それよりも，「70歳以上」29.1％，「75歳以上」27.9％，「80歳以上」18.4％などが多く，大多数を占める．つまり，多くの人びとは，特に60歳代のうちは「高齢者」ではないと捉えているのである．確かに，平均寿命が伸びた現在において，60歳代はまだまだ元気な人びとであり，仕事をしたり，地域活動をしたりと活発に取り組んでいることも多い．「高齢者」というと，たとえば「介護などの支援が必要な人」とイメージする場合もあると思うが，実際にはそうではなく，活発に活動している場合も多い．高齢者といっても，年齢，世帯構成，集団参加等の状況はそれぞれ異なり，多様な人びとが含まれるのである．さらに，それぞれの個人についても，ある側面においては支援が必要であっても，他のある側面では地域の活動に取り組んだりと誰かを支援していることもある．そのようななかにおいて，「介護などの支援が必要な人」としての高齢者イメージは，高齢者の一側面を表したものにすぎないと言うことができるだろう．

■3 高齢者をめぐる家族関係

　高齢者はどのような生活をしているのか．生活をする人びとの視点として，

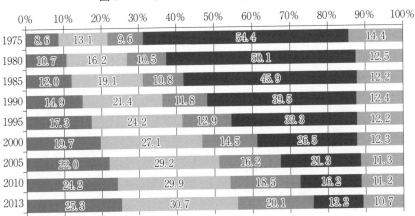

図6-1 世帯構造の推移（%，65歳以上）

出典）厚生労働省（1999, 2001, 2006, 2015a）より作成．

　個人と家族や，近隣関係，友人関係などとの関連などから，高齢者を取り巻く状況について見ていきたい．図6-1は65歳以上の高齢者のいる世帯について1975年以降の世帯構造の推移を示している．世帯の状況を見てみると，1975年では「三世代世帯」が半数以上を占め（54.4%），次いで「夫婦のみ世帯」13.1%，「親と未婚の子の世帯」9.6%，「単身世帯」8.6%とそれぞれ1割前後を占めていた（厚生労働省1999, 2001, 2006, 2015a）．しかし2013年では，高齢者世帯をめぐる状況は大きく変化し，「三世代世帯」の占める割合は約1割強（13.2%）と大きく低下する．他方で，「夫婦のみ世帯」約3割（30.7%），「単身世帯」2割強（25.3%），「親と未婚の子の世帯」約2割（20.1%）などとなり，これらの世帯の占める割合が増加する．現在では三世代世帯は減少し，半数以上の高齢者が，単身または夫婦のみという小規模世帯にて暮らしていることがわかる．このように，高齢化が進んでいるだけでなく，高齢者をめぐっては，**世帯の小規模化**も進んでいると言える．さらに，世帯の小規模化は，日本全国において均一に進んでいるわけではなく，特に九州や中四国地方などの西日本

において進んでいるという（加来・高野 1999）．

　図6—1からは，高齢者を取り巻く状況が大きく変化してきたことを読み取ることができる．しかしながら，これは「世帯」に関するデータである．したがって，世帯としては小規模化しているものの，高齢者は子や孫との接点を失ったというわけではない．子や孫と同居する割合は低下していても，別居の子どもなどの「家族」と会ったり電話で話したりする高齢者は多い．「高齢者の生活と意識に関する国際比較調査」（60歳以上対象）によると，別居の子どもがいる高齢者のうち，子どもと会ったり電話で連絡をとる頻度は，1985年には，「ほとんど毎日」14.4％，「週に1回以上」19.1％と，合わせて3割強（33.5％）であった（内閣府 2010）．それに対し，2010年には，「ほとんど毎日」20.6％，「週に1回以上」31.4％となり，半数以上（52.0％）が頻繁に連絡を取り合っていることがわかる[1]．また，「一人暮らし高齢者に関する意識調査」（内閣府 2015b）によると，全国65歳以上の一人暮らし高齢者のうち，子どもが「いる」人びとは74.9％であり，さらに子どもがいて片道1時間未満の距離に住んでいる割合は全体の半数（50.6％）である．子どもは何かあればすぐに駆けつけられる距離に住み，頻繁に会ったり電話で話したりして，依然として高齢者の生活を支えていることがうかがえる．

■ 4 高齢者をめぐる近隣・友人関係

　次に，近隣関係について見てみよう．「高齢者の生活と意識に関する国際比較調査」（60歳以上対象）にて近所の人たちとの付き合いを尋ねたところ，「週1回以上」付き合いがある人びとは，1980年から2000年にかけて増減を繰り返しているが，おおよそ6割強〜7割強を占める（内閣府 2010）．次に，「週1回以上」付き合いがあると回答した人に，近所の人たちとの付き合い方を尋ねた結果が表6—1である．1990年には，「物をあげたりもらったりする」が最も多く6割を超え（61.7％），次いで「外でちょっと立ち話をする程度」が5割

表6—1　近所の人たちとの付き合い方の推移（%，複数回答，60歳以上）

	1990	1995	2000	2005	2010
お茶や食事を一緒にする	30.9	32.3	32.0	32.4	29.3
趣味をともにする	26.8	24.3	25.4	25.5	20.2
相談ごとがあった時，相談したり，相談されたりする	24.3	26.4	29.2	24.2	22.6
家事やちょっとした用事をしたり，してもらったりする	4.6	4.4	6.5	8.2	10.1
病気の時に助け合う	13.9	13.2	9.8	8.7	9.3
物をあげたりもらったりする	61.7	63.3	61.2	51.4	51.6
外でちょっと立ち話をする程度	48.9	48.7	53.5	66.3	70.7
その他	2.8	2.8	2.2	2.5	1.2

出典）内閣府（2010：61）より．
※ただし，近所の人たちとの付き合い方に関しては1990年以降しか尋ねられていない．

表6—2　団体参加の推移（%，60歳以上）

	1993	1998	2003	2008	2013
町内会・自治会	31.0	34.6	39.1	40.9	26.7
趣味のサークル・団体	18.4	19.8	22.0	20.0	18.4
健康・スポーツのサークル・団体	9.9	9.8	14.1	16.8	18.3
老人クラブ	27.0	24.8	20.9	14.5	11.0
退職者の組織	＊	8.3	7.4	7.7	5.7
ボランティア団体（社会奉仕団体）	4.4	5.6	6.0	7.4	5.4
いずれかの団体に参加している割合	63.0	66.4	65.3	66.9	57.9

出典）内閣府（2014：44）より13項目中の上位6項目に限定し作成．
※「退職者の組織」については1993年では項目がなかったため＊と表記している．

弱（48.9%）となっていた．しかしその後，両者の関係は逆転し，2010年には，「外でちょっと立ち話をする程度」が最も多く7割を超え（70.7%），次いで「物をあげたりもらったりする」が5割程度（51.6%）となっている．高齢者の近隣関係については，基本的に近所の人びととの付き合いが見られるのであるが，その中身を見ると，近年，深く密接に付き合うというよりも，会った時に

表6-3 親しい友人の有無の推移（%，60歳以上）

	1980	1985	1990	1995	2000	2005	2010
親しい友人がいる	68.2	66.3	70.5	69.0	75.2	70.1	73.7

出典）内閣府（2010：62）より．

立ち話をするという比較的ゆるやかな関係に変化していることがうかがえる．

近隣関係については，近所付き合いのような**インフォーマル**な形だけでなく，集団参加といった**フォーマル**な形での関係性もあるだろう．「高齢者の地域社会への参加に関する意識調査」（60歳以上対象）によると，参加している団体の推移は表6-2の通りである（内閣府 2014）．まず，いずれかの団体に参加している割合を見てみると，1993年には6割強（63.0%）であったが，2013年には6割弱（57.9%）となっている．基本的に高齢者における団体参加の割合は高く，活発な参加が見られるが，近年低下傾向にあることがわかる．次に，集団参加の中身を見ていこう．1993年では，参加が多い順に「町内会・自治会」31.0%，「老人クラブ」27.0%，「趣味のサークル・団体」18.4%などとなっていた．他方で2013年では，多い順に「町内会・自治会」26.7%，「趣味のサークル・団体」18.4%，「健康・スポーツのサークル」18.3%，「老人クラブ」11.0%などとなっている．健康やスポーツの団体では参加率が高まっているものの，地域的な性格を持つ団体であり，団体参加のうち参加率が高い主要な団体である「町内会・自治会」や「老人クラブ」においては参加率が低下していることがわかる．集団参加というのは，会への参加を通して，定期的に他のメンバーと顔を合わせ交流をする場でもある．団体参加の低下は，それによる近隣関係など関係性の希薄化にもつながると考えることもできる．

次に，友人関係について表6-3を見てみる（内閣府 2010）．親しい友人が「いる」との回答は1980年代には7割弱（68.2%）であり，その後増減を繰り返してはいるが，全体としてやや増加し，2010年には7割強（73.7%）と，約5ポイント（5.5ポイント）増加している．近隣関係や地域的集団への参加が低

下し，地縁に基づく関係性は希薄化していることを指摘したが，他方で選択縁としての友人関係はやや拡大傾向にあることがうかがえる．

以上，第3節および第4節において，高齢化の進展だけでなく，世帯の小規模化が進んでいること，近所付き合いの希薄化や，**地域集団の弱体化**が進んでいることを指摘した．このような中，改めて高齢者をめぐる状況について考えていくことが必要になるだろう．

5 高齢者の生きがい

「福祉」とは，広義には「幸福」を意味すると説明したが，人口の多くを占める高齢者について，**生きがい**を持った生活をしているのかを論じることは重要なことである．日本人の平均寿命は，2014年には，男性80.50歳，女性86.83歳であるが，平均寿命の伸びによって，人びとは**長い高齢期**を過ごすようになった（厚生労働省 2015b）．特に定年退職は60歳という中，人びとは退職後の約20年もの期間をどのように過ごすのか．ただ長生きができれば良いのではなく，生きがいを持った生活が送れるかどうかを考えていく必要があるだろう．

生きがいについては，**役割**と関連している．高齢期とは，これまで有してきた役割を喪失していく**役割縮小期**であると言われる．すでに子どもが独立し，子育て役割を喪失している場合も多いし（**空の巣期**），会社員の場合は，定年退職による仕事という役割の喪失もある．このような役割縮小期としての高齢期における生きがいをめぐっては，これまで2つの理論が指摘されてきた．活動理論と離脱理論である．**活動理論**とは，高齢期においてこれまでの役割から解放されるなか，社会参加活動などによって新たに役割を得て活動していくことが，生きがいを持った生活につながるというものである．それに対して，**離脱理論**とは，高齢期においては役割は縮小していくものであり，そうした過程は不可避のものであるので，社会的役割から遠ざかっていくことがむしろ幸福に

表6—4　どのような時に生きがいを感じるか（％，60歳以上）

生きがい	％
孫など家族との団らんの時	48.8
趣味やスポーツに熱中している時	44.7
友人や知人と食事，雑談している時	41.8
旅行に行っている時	38.4
おいしい物を食べている時	37.4
テレビを見たり，ラジオを聞いたりしている時	34.8
夫婦団らんの時	30.2
仕事に打ち込んでいる時	26.5

出典）内閣府（2014：11）より15項目中の上位8項目に限定し作成．

つながるというものである．これらの理論については，日本では，社会参加活動に参加している場合などに生きがいが高くなり，活動理論を支える知見が報告されている．

　それでは実際に，高齢者の生きがいについて確認していこう．「高齢者の地域社会への参加に関する意識調査」（60歳以上対象）によると，生きがいを感じた生活を送っている人びとの割合は，約8割（79.2％）であり，多くの人びとが生きがいを感じた生活を送っていることがわかる（生きがいを「十分感じている」と「多少感じている」の合計）（内閣府 2014）．では，高齢者はどのような時に，生きがいを感じるのか．表6—4を見ると，生きがいを感じる割合が高い順から，「孫など家族との団らんの時」48.8％，「趣味やスポーツに熱中している時」44.7％，「友人や知人と食事，雑談している時」41.8％などとなっている．第3節において，世帯の小規模化が進んでいることを指摘したが，高齢者は依然として孫との団らんの時など，家族を生きがいとしていることがうかがえる．加えて，生きがいを感じている時として，趣味など自分の好きな活動に時間を使っている時や，友人など他者と交流している時も高い．高齢者に対して，寂しい生活を送っているなどのイメージを持っていた人もいるかもしれないが，実際には家族や友人などと交流を持ったり，趣味の活動に取り組んだり

しながら，その8割が生きがいを感じた生活を送っているのである．

　しかし同時に，生きがいを感じにくい人びともいるだろう．どのような場合に，生きがいは低くなるのだろうか．まず，世帯別に生きがいを感じている人びとの割合を見てみると，「三世代世帯」では生きがいを感じている割合が高く8割強 (85.5%) であるのに対し，「単身世帯」では7割を下回る (67.2%) (内閣府 2014)．同様に，近所付き合いや友人関係についても，親しく付き合っている場合や，友人がたくさんいる場合には，生きがいを感じる割合が高いものの，近所付き合いがない場合や，友人がいないという場合には，生きがいを感じる割合が低い (内閣府 2015a)．また，生きがいには年齢も影響を与え，60〜64歳では，生きがいを感じている人びとの割合は最も高く81.2%であるのに対し，生きがいを感じている人びとの割合は年齢が上がるごとにゆるやかではあるが低下し，80歳以上では77.3%となる (内閣府 2014)．80歳以上では，配偶者や友人が亡くなるなど，これまでの家族，友人，近隣関係などの関係性が減少する時期である．また，現代社会においては世帯の小規模化や，近隣関係の希薄化が進む中，年齢にかかわらず，孤立の問題も存在していることがうかがえる．

■6 介護の担い手と介護を期待する人

　高齢者をめぐる重要な論点としては，介護の問題も指摘できる．「高齢者の日常生活に関する意識調査」(60歳以上対象) においても，将来不安なこととして，回答の割合が高い順に「自分や配偶者の健康や病気のこと」7割弱 (67.6%)，「自分や配偶者が寝たきりや身体が不自由になり介護が必要な状態になること」約6割 (59.9%)，「生活のための収入のこと」3割強 (33.7%) などとなり，健康や病気，介護において不安に思っている割合は特に高い (内閣府 2015a)．

　それでは，介護は誰によって担われているのか．要介護者および要支援者の

表6－5　介護者の構成（％）

	同居家族				同居家族以外			
	配偶者	子	子の配偶者	その他親族	別居家族等	事業者	その他	不詳
2001	25.9	19.9	22.5	2.7	7.5	9.3	2.5	9.6
2004	24.7	18.8	20.3	2.3	8.7	13.6	6.0	5.6
2007	25.0	17.9	14.3	2.8	10.7	12.0	0.6	16.8
2010	25.7	20.9	15.2	2.3	9.8	13.3	0.7	12.1
2013	26.2	21.8	11.2	2.3	9.6	14.8	1.0	13.0

出典）厚生労働省（2002，2005，2008，2011，2014）より．

いる世帯について，誰が介護を担っているのか確認したところ，2001年では，介護の担い手は同居家族が約7割（71.7％）と多くを占め，内訳は「配偶者」25.9％，「子」19.9％，「子の配偶者」22.5％などであった（厚生労働省 2002）．加えて，同居の家族以外では，「別居の家族等」（7.5％），「事業者」（9.3％）などがそれぞれ1割以下となっていた．それに対して2013年では，同居の家族という回答はやや低下し約6割（61.6％）である（厚生労働省 2014）．これは，同居家族の中でも「子の配偶者」が占める割合が約1割（11.2％）と低下したことによる．つまり息子の妻（嫁）によって介護が担われる場合が減少している．他方で，同居の家族以外では，「別居の家族等」9.6％，「事業者」14.8％となり，「事業者」との回答が増加していることがわかる．

次に，この同居の家族による介護について，介護者の性別，年代別に見ると，2001年では女性の割合は76.4％であったが（厚生労働省 2002），2013年では68.7％である（厚生労働省 2014）．年代別では，2001年では介護者の年齢が60歳以上という場合は5割強（53.7％）だったのに対し（厚生労働省 2002），2013年では7割弱（68.6％）である（厚生労働省 2014）．「子の配偶者」という回答の低下によって，介護が女性によって担われる割合は低下傾向にあるものの，依然として家族の中でも特に女性に介護の期待が強くかけられていることがわかる．加えて，年代別に見ると，近年，高齢者が高齢者を介護する「老老介護」

と呼ばれる状況が現れてきたこともみてとれ，これらのデータからは，家庭内でのみ介護を担うことの厳しさの一端がうかがえる．

　家族介護の限界は，1970年代にベストセラーとなった小説『恍惚の人』などにおいても描かれているが（有吉1972），女性が介護役割を期待される女性問題としての側面も強い．フェミニズムの観点からは，女性が介護の担い手となることには，労働市場における女性の地位，ジェンダー規範や，親族間における期待が関わっていること（Ungerson 1987 = 1999），また，家族内に押し込められたケアが女性に分配されることによって，女性における二次的な依存が引き起こされること（Fineman 1995 = 2003）なども指摘されている[2]．また，実際に日本でも家族の介護のために離職・転職した人の数は，1年間で10万人を超えているが，その8割が女性と言われている（総務省統計局2013）．

　このようななか，介護の問題を家族の問題から，社会の問題へと転換していこうという動きがおこり，2000年には**介護保険制度**が施行され，**介護の社会化**が進められている．介護保険制度では，要介護の状態に応じて段階別の要介護認定を受け，ケアマネージャーが作成したケアプランにそって，施設サービスや居宅サービスなどを受ける．この制度は，社会保険方式によって財源を担うものであり，利用者は使用したサービスの1割（2015年8月からは一定以上の収入がある場合は2割）を負担すればサービスを受けることができ，サービスを提供する施設や団体側としても，制度導入後は，介護保険事業に対しては介護報酬を受け取ることができるようになったという利点が存在する．しかし，介護保険制度では，要介護認定に応じて決められた給付限度額を超える分は自己負担となるため，経済的に困難な状況にある人びとはサービス利用を控えること（天田2013），同居家族がいる場合には生活援助サービスの利用が抑制され，依然として家族に介護責任が負わされていること（藤崎2009）などの問題も指摘されている状況である．

　他方で，介護の問題においては，たとえ福祉サービスが提供されていたとしても，そのサービスを人びとが使いたいと思うか否かという，福祉サービス利

表6—6　介護を期待する人（%）

	配偶者	息子	娘	子の配偶者	ホームヘルパー等
2000	46.7	8.1	9.8	8.7	10.4
2005	43.5	7.2	14.8	6.9	13.8
2010	46.2	8.1	13.0	5.4	15.7

出典）内閣府（2010：27）より11項目中の上位5項目に限定し作成．

用の希望／抵抗感の問題もある．そこで，高齢者の介護をめぐる意識について確認してみよう．「高齢者の生活と意識に関する国際比較調査」（60歳以上対象）によると，在宅で介護が必要になった場合に介護を期待する人は，2010年では，「配偶者」が多く4割強（46.7%），次いで「息子」（8.1%），「娘」（9.8%），「子の配偶者」（8.7%），「ホームヘルパー等の介護を職業とする人」（10.4%）がそれぞれ約1割となっていた（内閣府 2010）．それに対し2010年では，「配偶者」への期待は4割強（46.2%）とほとんど変化がないものの，「子の配偶者」への期待は低下し（8.7%→5.4%），反対に「ホームヘルパー等の介護を職業とする人」（10.4%→15.7%）や「娘」（9.8%→13.0%）などが増加している．先ほど要介護者および要支援者のいる世帯について，介護はその多くが家族において担われていることを確認したが，介護を誰にしてほしいかという希望を尋ねた場合も，配偶者や子どもなど，家族への介護の期待は高いことがわかる．一方で，近年，ホームヘルパー等，福祉サービスの利用の抵抗感がやや低下してきたこともうかがえる．

次に，2010年の調査結果について，性別に介護を期待する人を見ると，男性では，多い順に，「配偶者」66.0%，「ホームヘルパー等の介護を職業とする人」10.2%，「娘」6.1%などとなる（内閣府 2010）．他方で，女性では，「配偶者」29.6%，「ホームヘルパー等の介護を職業とする人」20.3%，「娘」18.8%などとなる．このように見ると，介護を期待する人というのは，性別で大きく異なることがわかり，特に男性において家族の介護を希望する割合が高く，女性では，ホームヘルパー等への期待も高いことがわかる．

7 地域福祉とボランティア活動への期待

　高齢者の介護が主に家族によって担われていることを指摘したが，高齢者を支えるアクターとしては，近年住民同士で支え合うという地域福祉へ寄せられる期待も大きい．近年では世帯の小規模化や近隣関係の希薄化が見られるが，日本社会においては，もともと親族共同体や地域共同体が福祉の担い手としての役割を果たしていた（木下 2001）．個人の生活は戸主を中心とした家や家連合によって保障され，村落においても生産および生活の両場面において，相互扶助行為が広くなされてきた．しかし，産業化，都市化により，子ども世代が都市に出て会社員として働くようになり，親族共同体や地域共同体は弱体化し，個人の生活を保障する機能は弱まる．そのようななか改めて，その地域における実情に通じた住民同士によって，地域における福祉的課題に取り組んでいくという「**地域福祉**」へ期待が寄せられている．

　「地域福祉」概念については，多様に用いられるが，武川（2006）は政策理念としての地域福祉概念の発展の歴史を確認し，まず1960年代から70年代にかけて，アメリカのコミュニティ・オーガニゼーションの影響を受け「地域組織化」が推進されたことを指摘する．次いで1980年代には「在宅福祉」が，1990年代には「住民参加型福祉」が注目され「有償ボランティア」がその担い手となった．さらに，1990年代には，「利用者主体」やエンパワーメントなどの考え方が広まり，地域福祉概念の拡張が進んだことを指摘する（武川 2006）．そして2000年には社会福祉事業法が社会福祉法へと改正され，そのなかで地域福祉の推進が位置づけられ，市町村は地域福祉計画を策定することが定められた．

　それでは，実際に地域福祉活動としてどのような活動がなされてきているのかというと，高齢者へのサロン活動や見守り活動，ホームヘルプサービスや配食サービス，移送サービスなどの在宅福祉サービス，ボランティア活動などさまざまである．これらの活動の中から，いくつか取り上げて見てみよう．ま

ず，サロン活動について見てみると，**社会福祉協議会**では，地域における仲間づくり活動として，主に高齢者向けの**サロン活動**（ふれあい・いきいきサロン）の普及に取り組んでいる．この活動は，高齢者の孤立を防ぐことなどを目的とした，地域住民主体の活動であり，サロン活動運営の担い手は地域住民である．活動内容はさまざまであるが，月1，2回などの頻度で地域の集会所や公民館などに集まり，楽しく気軽に参加できる活動として，茶話会や昼食会，手遊びやカラオケなどのレクリエーション，健康体操などが行われている．サロン活動には社会福祉協議会などの助成金が利用でき，参加者はお茶代や昼食代などの実費を負担する程度である．この活動では，地域の中で日頃から活動に参加する中で関係性をつくっていき，その関係性がサロン活動外でも，お互いを見守る関係性として機能し孤立を防ぐことが目指されている．

　もうひとつ，**ホームヘルプサービス**を取り上げてみよう．この活動では，担い手とサービス利用者の両者が会員となり，住民同士の助け合いという理念に基づきつつ，日常生活の援助としてサービスが提供されるものである．サービスを利用する人びとを利用会員，サービスを提供する人びとを協力会員などと呼ぶが，このサービスでは，協力会員が利用会員の自宅に行き，調理やそうじ，洗濯などの家事援助がなされる．協力会員は，**有償ボランティア**であり，家事援助などは，謝礼金を介しつつ，有償でサービスが提供される．謝礼金が支払われることは，活動者にとっては，活動をする際に生じる交通費などの経済的負担の軽減となり，受け手にとっても，「無償でしてもらっている」という心理的負担が軽減されるなどの利点も存在する．サービス提供団体の運営は，住民が運営する場合や，社会福祉協議会が運営する場合などいくつかのタイプがある．また，財源としては，サービス利用料，会員の入会金や年会費，自治体からの補助金がある他，介護保険制度の導入後は，介護保険事業に対しては介護報酬を受け取ることができるようになった．

　高齢者の生活を支えるものとして地域福祉への期待の高まりを指摘したが，地域福祉活動では，前述の有償ボランティアのように，**ボランティア活動への**

期待も大きい．しかし，その期待の半面，ホームヘルプサービスをめぐっては，ボランティア（協力会員）の確保などの課題を抱えていることも多いという．そこで，ボランティア活動についても簡単に見てみよう．

そもそも「ボランティア」とは何か．鈴木（2001）は，ボランティア活動の構成要素として，「自発性・援助性・無償性・継続性」（鈴木 2001：278）の4つの要素を指摘する．具体的には，福祉ボランティアについて，「ひとり暮しの老人や身体の不自由な人など，手助けを必要とする人たちのお世話を，あるていど続けて，すること（職業以外に）」（鈴木 2001：278）というワーディングを用いてその参加状況を尋ねている．なお，ボランティアの要素として無償性が指摘されるが，それは完全な無償性を示すわけではない．鈴木（2001）は最低賃金以下であれば無償性に該当すると広く捉えているため，たとえば交通費や少額の謝金を受け取り活動する場合もボランティア活動に含まれる．

それでは，どのような人びとがボランティア活動の担い手なのか．性別や年代別では，女性（主婦）や年配者に多く，地域関係を見てみると，近隣関係が緊密な人びとによって担われるという（稲月 1994；高野 1996）．また，社会階層との関係を見ると，ボランティア活動とは自発的な行為であるにもかかわらず，階層の上下（両端）でパーセンテージが高く，中央部で低い「Kパターン」（鈴木 2001：283-4）が見られる．また，ボランティア活動をめぐっては，担い手と受け手の人間関係に着目した研究も見られる．ただし，期待が寄せられ，望ましいものとして語られることが多いボランティア活動であるが，「**安価な労働力**」として利用されてしまうこともあることには注意が必要である（仁平 2005）．

■8 介護職

高齢者の介護や生活支援はボランティアによって担われることもあるが，**介護職**によって担われる場合もある．そこで，介護職をめぐる状況についても確

認しよう．家庭における介護は主に女性によって担われていたが，介護職も主に女性によって担われている．介護職では，女性が多いことも関連して，賃金が低く，社会的評価が低いこと，加えて，長時間労働の問題や，身体的負担が大きく体力的にきついことなどもあり，**離職率**の高さや，人手不足などが度々問題とされている．

　また，介護の仕事は**感情労働**であることや，**バーンアウト（燃え尽き）** を生じさせる可能性があることが指摘される．労働の中には，体を動かし物を作製するタイプの労働もあるが，他方で，相手を推し量ることを要請されるタイプの労働もある．A. R. ホックシールド（Hockshield 1983 = 2000）は，感情労働を「公的に観察可能な表情と身体的表現を作るために行う感情の管理」（Hockshield 1983 = 2000：7）と説明するが，特に飲食業，医療・福祉や教育などの対人サービス業では，労働者は自らの表情や態度をコントロールすることが求められ，それは印象操作にとどまらず，実際に感情を発生させたり変更させたりすることが求められる．介護の現場でも，労働者は笑顔を作り，相手のことを思いやる雰囲気を作り出すことがあるが，それだけでなく，実際に相手のことを推し量っているというように感情を変更することが求められることもある．しかし，このようにクライアントとの対人的相互行為が存在することは，働き手にやりがいを感じさせる契機になるとともに，負担を生じさせる契機にもなる．クライアントを推し量るよう感情を変更する中で，クライアントへの感情移入が強まり，それによってストレス状態が生じ，持続的なストレスにより，ついには仕事への意欲を失ってしまう，バーンアウト（燃え尽き）を生じさせることもある（藤村 2007）．

　なお，近年，介護職や看護職への**外国人労働者**の受け入れも進められ，日本では 2008 年から経済連携協定（Economic Partnership Agreement：EPA）の一環として，インドネシアやフィリピンなどから，労働者を限定的に受け入れ始めている．介護職については，主に母国で看護師資格を持つ人びとが来日して，施設で介護福祉士候補者として働きつつ国家試験の勉強をし，4 年以内に国家試

験に合格した場合のみ，継続して日本で働くことができる．しかし，国家試験合格率が低いこと，途中帰国や，合格しても帰国するという場合もあることなどの問題も存在する（安立 2013）．

■9 おわりに

　本章では，福祉領域について考えるにあたり，従来多く研究が積み重ねられてきた福祉国家・社会政策などマクロレベルからではなく，高齢者の家族関係，近隣，友人関係など，人びととの日々の生活などよりミクロな側面から考えてきた．今回は，福祉社会学の複数の領域の中でも，高齢者をめぐる状況を取り上げたが，他のトピックに関しては，自習のための文献案内において，子どもや障害者を対象とした論考なども紹介しているので確認してほしい．「福祉社会学」とは発展途中の領域であるが，現代社会において，高齢化，世帯の小規模化，親族集団や地域集団の弱体化などが進む中，人びとの生活をどのように支えていくのかという根本的問題については引き続き考えていく必要があるだろう．

注）

1）ただし，「高齢者の生活と意識に関する国際比較調査」では，第5回調査以降質問文がやや変更されているため，厳密な比較を行うことはできない．第2～4回調査では，「どのくらいの頻度で会われますか」と尋ねているが，第5回調査以降では，対面的接触に加えて電話での連絡も含めているからである．加えて，第4回調査までは，別居子が複数いる場合は，接触頻度を総合して答えてもらっているが，第5回以降は，最も頻繁に連絡を取る別居子に限定して答えてもらっている．

2）ただし，Fineman（1995 = 2003）のケアの議論は，主に育児の文脈における議論である．

参考文献）

安立清史，2013，「EPA（経済連携協定）による外国人労働力の介護現場への受入

れの背景と問題点」福祉社会学会編『福祉社会学ハンドブック――現代を読み解く98の論点』中央法規出版, 120-1.
有吉佐和子, 1972, 『恍惚の人』新潮社.
天田城介, 2013, 「社会サービスとしてのケア――シンプルな社会設計こそが社会サービスを機能させる」庄司洋子編『親密性の福祉社会学――ケアが織りなす関係』東京大学出版会, 245-63.
Beauvoir, S., 1970, *La Vieillesse,* Editions Gallimard.（＝2013, 朝吹三吉訳『老い〈新装版〉上下』人文書院）.
Fineman, M. A., 1995, *The Neutered Mother, The Sexual Family : And Other Twentieth Century Tragedies,* Routledge.（＝2003, 上野千鶴子監訳, 速水葉子・穐田信子訳『家族, 積みすぎた方舟――ポスト平等主義のフェミニズム法理論』学陽書房）.
藤村正之, 2007, 「医療・福祉と自己決定」長谷川公一・浜日出夫・藤村正之・町村敬志著『社会学』有斐閣, 277-312.
藤崎宏子, 2009, 「介護保険制度と介護の『社会化』『再家族化』」『福祉社会学研究』6：41-57.
平岡公一, 2010, 「研究の動向と展望」直井道子・平岡公一編『講座社会学11――福祉』東京大学出版会, 203-35.
Hochschild, A. R., 1983, *The Managed Heart : Commercialization of Human Feeling,* University of California Press.（＝2000, 石川准・室伏亜希訳『管理される心――感情が商品になるとき』世界思想社）.
稲月正, 1994, 「ボランティア構造化の要因分析」『季刊社会保障研究』29(4)：334-47.
加来和典・高野和良, 1999, 「世帯の地域性について――『平成4年国民生活基礎調査』の再集計による」『下関市立大学論集』43(2)：53-78.
木下謙治, 2001, 「家族と福祉の接点」木下謙治・小川全夫編『シリーズ［社会学の現在］③　家族・福祉社会学の現在』ミネルヴァ書房, 15-30.
国立社会保障・人口問題研究所, 2015, 「人口統計資料集2015年版」（2015年11月24日取得, http://www.ipss.go.jp/syoushika/tohkei/Popular/Popular2015.asp?chap=0）.
厚生労働省, 1999, 「平成10年国民生活基礎調査の概況」, （2015年11月24日取得, http://www1.mhlw.go.jp/toukei/h10-ktyosa/index_8.html）.
――, 2001, 「平成12年国民生活基礎調査の概況」, （2015年11月24日取得, http://www.mhlw.go.jp/toukei/saikin/hw/k-tyosa/k-tyosa00/index.html）.
――, 2002, 「平成13年国民生活基礎調査の概況」, （2015年11月24日取得, http://www.mhlw.go.jp/toukei/saikin/hw/k-tyosa/k-tyosa01/index.html）.
――, 2005, 「平成16年国民生活基礎調査の概況」, （2015年11月24日取得,

────，2006，「平成17年国民生活基礎調査の概況」，(2015年11月24日取得，http://www.mhlw.go.jp/toukei/saikin/hw/k-tyosa/k-tyosa05/).
────，2008，「平成19年国民生活基礎調査の概況」，(2015年11月24日取得，http://www.mhlw.go.jp/toukei/list/20-19-1.html).
────，2011，「平成22年国民生活基礎調査の概況」，(2015年11月24日取得，http://www.mhlw.go.jp/toukei/saikin/hw/k-tyosa/k-tyosa10/index.html).
────，2014，「平成25年国民生活基礎調査の概況」，(2015年11月24日取得，http://www.mhlw.go.jp/toukei/saikin/hw/k-tyosa/k-tyosa13/index.html).
────，2015a，「平成26年国民生活基礎調査の概況」，(2015年11月24日取得，http://www.mhlw.go.jp/toukei/saikin/hw/k-tyosa/k-tyosa14/).
────，2015b，「平成26年簡易生命表の概況」，(2015年11月24日取得，http://www.mhlw.go.jp/toukei/saikin/hw/life/life14/dl/life14-15.pdf).
内閣府，2010，「第7回高齢者の生活と意識に関する国際比較調査結果（全体版）」，(2015年11月24日取得，http://www8.cao.go.jp/kourei/ishiki/h22/kiso/zentai/index.html).
────，2014，「平成25年度　高齢者の地域社会への参加に関する意識調査結果（全体版）」，(2015年11月24日取得，http://www8.cao.go.jp/kourei/ishiki/h25/sougou/zentai/index.html).
────，2015a，「平成26年度 高齢者の日常生活に関する意識調査結果（全体版）」，(2015年11月24日取得，http://www8.cao.go.jp/kourei/ishiki/h26/sougou/zentai/index.html).
────，2015b，「平成26年度 一人暮らし高齢者に関する意識調査結果（全体版）」，(2015年11月24日取得，http://www8.cao.go.jp/kourei/ishiki/h26/kenkyu/zentai/index.html).
仁平典宏，2005，「ボランティア活動とネオリベラリズムの共振問題を再考する」『社会学評論』56(2)：485-99.
副田義也，2008，『福祉社会学宣言』岩波書店.
総務省統計局，2013，「平成24年度 就業構造基本調査（結果の概要）」，(2015年11月24日取得，http://www.stat.go.jp/data/shugyou/2012/pdf/kgaiyou.pdf).
鈴木広，2001，「ボランティア的行為における"K"パターンの解読」木下謙治・小川全夫編『シリーズ［社会学の現在］③　家族・福祉社会学の現在』ミネルヴァ書房，274-94.
高野和良，1996，「ボランティア活動の構造──担い手とクライエントの実証分析」社会保障研究所編，『社会福祉における市民参加』東京大学出版会，103-27.
武川正吾，2006，『地域福祉の主流化──福祉国家と市民社会Ⅲ』法律文化社.
────，2012，『福祉社会学の想像力』弘文堂.

――――, 2013, 「福祉社会学の現状と構図」福祉社会学会編『福祉社会学ハンドブック――現代を読み解く 98 の論点』中央法規出版, 2-5.
Ungerson, C., 1987, *Policy is Personal : Sex, Gender and Informal Care*, Tavistock. (＝1999, 平岡公一・平岡佐智子訳『ジェンダーと家族介護――政府の政策と個人の生活』光生館).

自習のための文献案内)

① 武川正吾編, 2013, 『公共性の福祉社会学――公正な社会とは』東京大学出版会
② 副田義也編, 2013, 『闘争性の福祉社会学――ドラマトゥルギーとして』東京大学出版会
③ 藤村正之編, 2013, 『協働性の福祉社会学――個人化社会の連帯』東京大学出版会
④ 庄司洋子編, 2013, 『親密性の福祉社会学――ケアが織りなす関係』東京大学出版会
⑤ 福祉社会学会編, 2013, 『福祉社会学ハンドブック――現代を読み解く 98 の論点』中央法規出版
⑥ 副田義也, 2008, 『福祉社会学宣言』岩波書店

　①〜④は福祉社会学に関わる研究者たちによる研究がまとめられた「シリーズ福祉社会学」の 4 冊である．①では福祉国家や社会政策に関する論考が，②では格差や貧困，障害に関する論考が，③では共生や連帯をめぐる論考が，④では子育てや高齢者介護などケアをめぐる論考が収録されている．⑤では，福祉社会学をめぐる 98 のトピックについて，それぞれ 2〜4 ページ程度でまとめられているため，基礎的な部分を確認することができる．⑥は，「福祉社会学」という領域が発達途中の領域である中，貧困，高齢者，障害者という福祉領域の分野を取り上げ研究をすすめることによって，「福祉社会学」分野の研究の確立を図った著書である．

7章　社会問題・社会病理

―― 「社会問題」とはどのように捉えられるのか ――

1 はじめに

　本章では，「社会問題」を捉えるための視角について，社会学，それも特に社会病理学分野で蓄積されてきた議論を紹介していきたい．

　ところで，そもそも「社会問題」あるいは「社会病理」とは何なのか．読者の中には，「そもそも何を『社会問題』とするのか」「ある出来事を『社会問題』とするのは，何によって／誰によってか」といった根本的な疑問も生じている方もいるのではないかとは思うが，その疑問に答える手がかりは後述するとして，まずは学問上で「社会病理」がどのように定義されてきたのかを見てみよう．

2 「社会病理」・「社会病理学」とは何を指すのか

　「社会病理」とは，「病理」という語が含まれていることからもうかがえる通り，社会をひとつの有機体と捉える「**社会有機体説**」を基盤とし，有機体としての社会が存立していくことを阻害するような事象が生起している状態や，あるいは社会の存立を阻害するような事象そのものを指す．いうならば，社会が何かしらの病気にかかっている状況や，あるいは社会がかかっている病気そのものが「社会病理」である．

　では，病気にかかった社会・社会がかかる病気としての「社会病理」は一体

何を指すのか．現在であれば，たとえば貧困や少子高齢化や，日々マスメディアで取り上げられていることが「病理」と言えるのではないかと読者は考えるかもしれない．しかし，先に「現在であれば」と書いたように，社会の「病理」として生起している出来事はその時代と場所によって変わってくる．そのため，「今この社会における病理はこれである」と具体的な出来事を指し示すことはまだ可能だが——とはいえ，後に「ラベリング理論」などに触れながら述べるように，これも実はそう簡単なことではない——，「一般的にこういうことを指す」と定義づけるのはなかなかに困難なことであろう．

こうしたことから，大橋薫は，「社会病理とはいかなる事象をさすかを定義するのはなかなかむずかしい」（大橋編 1966：1）と述べている．しかしだからと言って，定義そのものが不可能なわけではなく，続けて大橋は，

> 大まかにいえば，「個人や社会の生活機能の障害 (malfunction or dysfunction) にかかわる事象」であることには間違いない．それはあたかも，人間の病気が「神経や器官の機能障害にかかわる事象」であるようなものである．平たくいえば，「社会生活上の困った事柄 (social difficulties)」なのである（大橋編 1966：1）．

とも述べている．また，補足するとさらに大橋は，上記のような「社会病理」に注目していく学問としての「社会病理学」についても

> 社会病理学とは，個人的・集団的な様々な生活場面における生活機能の障害の実相とその発生条件や結果現象（偏倚行動）[1]とを相互関連的に主に社会学的立場から解明する学問であり，したがって，病理社会学というような考え方も成り立つ（大橋編 1965：17）．

と指摘している．すなわち，個人や社会に発生した「生活機能の障害」として

の社会病理に注目し，どのような障害や病理が発生しているのか，またそれを発生させた社会的背景はいかなるものかを解明していくのが社会病理学であるということである．また，米川茂信が，リリエンフェルトの議論を要約しながら述べるように，「社会病理学は，病因論，症候論，社会臨床学——診断，予後，予防——から構成される」(米川 1991：6) ものでもある．すなわち，社会病理と考えられるある出来事に対して，「どういう状態なのか」「今後どうなると考えられるのか」「防ぐ・対応するためには何が必要か」といった問いも含みこんだものが社会病理学であると言える．

3 社会病理学における諸理論

それでは，社会病理を解明していくための学問である社会病理学においてはどのような議論がなされてきたのか．ここからは代表的な理論を紹介していくこととしたい．

那須宗一らが編集し，1968年に出版された，『社会病理学事典』(那須ほか編 1968) では，社会病理学における「基礎理論」として，「社会解体論，アノミー論，社会不適応論，社会参加論，社会緊張論，文化葛藤論，逸脱行動論」(那須ほか編 1968：8) を挙げているが，本章ではこの内からは「アノミー論（と社会解体論）」「逸脱行動論」を取り上げる．これらの論を取り上げるのは，徳岡秀雄が，社会病理学の流れを整理する中で「社会病理（社会問題）研究の主流は，social pathology（社会有機体説を基盤とした社会病理学：引用者注）パースペクティブから social disorganization（社会解体論：引用者注）と deviant behavior（逸脱行動論：引用者注）へと発展してきた（後略）」(徳岡 1997：24) と述べたことに倣ったためである．またその上で，本章冒頭で示した「そもそも何を『社会問題』とするのか」「ある出来事を『社会問題』とするのは，何によって／誰によってか」といった問いへの回答を導き出すために，「社会構築主義」の議論を紹介し，最後に筆者の考えるところを述べることとしたい．

◢4◣ デュルケームのアノミー論：『自殺論』より

　まずは**アノミー論**を取り上げる．アノミー論の中でも最初に取り上げるべきは **E. デュルケーム**であろう．

　デュルケームは『自殺論』（Durkheim 1897 = 1985）において，統計的データへの分析を元に自殺を増減させる社会的要因を析出した．すなわちデュルケームの『自殺論』は，「自殺」という社会病理に注目し，それを分析した社会病理学の書でもあると言える．

　デュルケームは，自殺を起こす社会的要因とそれぞれの要因から起こされる自殺を4つの類型に分けた．「自己本位的自殺」「集団本位的自殺」「アノミー的自殺」「宿命的自殺」である．『自殺論』の詳細については本書末尾の研究紹介でなされるので，ここでは主にアノミーに関連する部分だけを取り上げたい．

　アノミーとは無規制状態を指す．デュルケームは，さまざまな統計データを分析し，「（前略）経済的窮迫が，よくいわれたほど自殺への促進的影響をおよぼさないこと」（Durkheim 1897 = 1985：298）に気付く．一般に思われていることとは異なり，経済的困窮が自殺を増すわけではないのである．しかも，それだけではなく，デュルケームが発見したのはむしろ逆の，「均衡が破壊されると，たとえそこから大いに豊かな生活が生まれ，また一般の活動力が高められるときでも，自殺は促進される」（Durkheim 1897 = 1985：300）というメカニズムであった．つまりは，経済的に豊かな状態であっても，その豊かさが既存の秩序を揺るがすものであればむしろ自殺を誘発するということである．

　こうした統計データの分析から，デュルケームは，人間の欲求や活動を規制する力が緩んでいる状況においてこそ自殺は起こるものであると指摘した．たとえば経済的に豊かな状況で「あれが欲しい」という思いが際限なく広まっていき，しかもその欲求を規制する秩序が弱まっていると際限のない欲求に自身が苛まれた結果自殺をしてしまう人びとが増える（経済的アノミー）．あるいは，

たとえば，離婚など家族のつながりと秩序がゼロに近いところにまで弱まっていることでもやはり自殺をしてしまう人びとが増える（家族的アノミー）．このように，無規制状態に置かれた人びとが自分への歯止めを失ってしまい，結果として自殺をしてしまう，という社会病理の発生メカニズムをデュルケームは指摘した．

5 デュルケームのアノミー論：『社会分業論』より

アノミーは，自殺に限らずさまざまな病理的出来事を起こす社会的要因となりうる．同じくデュルケームは，『社会分業論』(Durkheim 1893 = 1989) において，分業が進む社会において「個人が自律的になるにしたがって，より緊密に社会に依存するようになるのはどうしてであろうか．どうして個人は，同時に，より個人的であって，そしてより連帯的でありうるのだろうか」(Durkheim 1893 = 1989a : 79) という問題，すなわち「個人的人格と社会的連帯との関係の問題」(Durkheim 1893 = 1989a : 79) を解明した．デュルケームによれば，同質的な人びとによる「機械的連帯」から，異質な人びとの役割分業に基づく「有機的連帯」へと社会的分業の形が進化しており，その背景には法規制も含めた諸制度がある．

このように，各人が各人のやるべきことを行う社会的分業と，人びとが結び付き合い支え合う連帯とが並立するという，一見矛盾した状態が実現するメカニズムをデュルケームは明らかにしたが，同時にデュルケームは，分業の異常形態についても指摘している．その異常な形の分業のひとつとして挙げられているのが，「無規制的分業」すなわちアノミー的な分業の状態である．デュルケームによると，専門分化が進みすぎ，ひとつの仕事の内で他人と分業を担っているという感覚が個人から消えるような事態が生じると，連帯はむしろ崩壊してしまう．たとえば，完全に自動化された工場で，最終的に何が出来上がるのかはわからないがとにかく何かの部品を作っているといったような状態であ

れば，仕事全体を他人と分業して担っているという感覚は消えてしまい，同じ仕事の一部を担っている他人との連帯は消失してしまうだろう．「分業が余りに度をこえておし進められるならば，必ず支離滅裂な崩壊の源泉となるだろう」(Durkheim 1893 = 1989b：202)とデュルケームが指摘する通りである．こうした分業におけるアノミーが生じる原因として，デュルケームは，分業を担う「諸器官の諸関係が規制されていない」(Durkheim 1893 = 1989b：218)ことを理由として挙げた．またその上で，処方箋として，分業を担う人びとが，自身の担っている分業的活動が何かしらの目的につながるものであることを認識できることが必要であると述べている（Durkheim 1893 = 1989b：213-25）．

6 社会解体論

また，こうしたデュルケームのアノミー論とある程度の部分重なる理論として「**社会解体論**」が挙げられる．社会解体論とは，それまで存在した社会が大きな変化に直面し，そうした変化によって社会的なルールや集団のつながりが弱まっていくことにより個人も影響を受け，個々人の生活の中に何かしらの病理的事象が生起していく，と捉える視点に特徴づけられよう．社会解体論的なパースペクティブを持った代表的な社会学者の手による研究としては，**W. I. トマス**と**F. ズナニエツキ**による『生活史の社会学』(Thomas and Znaniecki [1918-20] 1958 = 1983)が代表的であり，同書では，ポーランドからアメリカに移住してきた移民が，移住と並行して経験した社会解体にいかに翻弄されたのか，一方でいかに乗り越え移住先の社会に適応しようとしていたのかが明らかにされている．これもまた，従来の規制がなくなった／弱まった状況に置かれた人びとが，それによってどのように混乱し，どのように混乱を乗り越えていくのか／いけないのかを分析した点でデュルケームのアノミー論と共通する部分も多い．

■7 マートンのアノミー論：5つの行動類型

　さて，他にアノミーに注目した主要な論者としてはR. K. マートンが挙げられる．マートンはデュルケームと異なり，アノミーを際限ない欲求の拡大から生じるものとしては見ない．マートンはまず，「生物学的衝動と社会的抑制とがたえず闘争している形」（Merton 1957 = 1961 : 121）を前提として人間の行動を捉えることの限界を指摘し，「どうしてある種の社会構造がその社会の一部の人々に特定の圧力を加えて，同調的行為よりもむしろ非同調的行為をとらせるか発見すること」（Merton 1957 = 1961 : 121）を逸脱行動の分析が持つべきねらいとして設定した．そして，逸脱行動をもたらす社会構造内の要素の中で，「社会の全成員またはさまざまな地位を占めている成員に対して正当な目標として掲げられたもの」である「**文化的目標**」と，「文化的目標を達成するための（中略），制度的規範によって制限されている」ものである「**制度的手段**」の2つを挙げた（Merton 1957 = 1961 : 122-3）．なおマートンによると，「文化的目標」が強調される一方で「**制度的手段**」が軽んじられた場合，つまりはたとえば何かの成果を得ることばかりが強調され，成果を得るためには不当な手段も取りうることが広まり，正当な手段が弱まっていくことをアノミーの出現と位置づけられる（Merton 1957 = 1961 : 124）．

　こうして，「文化的目標」と「制度的手段」という2つの要素を示した上でマートンは，この2つの要素に対し人びとがどう向き合うかの組み合わせによって，人びとが取りうる行動が決定されていくとし，同調的なものも非同調的なものも含む5つの行動類型（「適応様式」（Merton 1957 = 1961 : 129））を示した．以下の通りである．

表7-1　5つの行動類型 (Merton 1957=1961：129)

適応様式	同　調	革　新	儀礼主義	逃避主義	反　抗
文化的目標	＋	＋	－	－	±
制度的手段	＋	－	＋	－	±

「同調」とはつまり，文化的に正当とされている目標にも，その目標を達成するための正当な手段にも沿う行動を指す．社会が安定している状態において広く見られる．

「革新」とは，文化的に正当とされている目標には沿うが，その目標を達成するための正当な手段に対しては沿わない行動を指す．たとえば，成果を得るためにはいかなる手段も厭わない，といった行動が該当する．

「儀礼主義」は，文化的に正当とされている目標を諦め，一方で正当な手段については沿う行動を指す．マートンが挙げている例だと，「ただ与えられたもので満足している」(Merton 1957 = 1961：139) といったものがある．

「逃避主義」は，文化的に正当とされている目標にも，正当な手段にも沿わない行動を指す．こうした行動をとる人びとをマートンは「異邦人」(Merton 1957 = 1961：141) と表現した．言うならば，社会の中に存在してはいるが，社会からはみ出している者を指す．

最後に「反抗」は，既存の文化が用意した目標にも手段にも関わりなく，「新しいまったく一変した社会構造を実現しようとする」(Merton 1957 = 1961：144) 行動のことである．「革新」とは異なり，社会を根底からひっくり返すような行動を指す．

このようにマートンは，アノミーも含めて，「文化的目標」と「制度的手段」に人びとがどのように接するかによって行動の性質が変わってくることを指摘した．またマートンは，「革新」の分析において，

　　　〈首尾よい〉逸脱的行動（目標を達成するために効率的で，正当な手段には沿わ

ないが行動：引用者注）が次第に多くなるにつれて，制度的規範は，この体系の他の人びとに通用する正当性が減じ，極端な場合には全くなくなってしまう傾向がある．（中略）こうして，アノミーと増大しゆく逸脱行動とは，社会的文化的動態の過程において相互作用するものと考えられる（Merton 1957 = 1961：166）．

とも指摘し，社会構造と逸脱行動との相互作用をも探り，その上で，逸脱行動には**機能**と**逆機能**があることを指摘した．すなわち，ある程度の革新であれば，それが制度的な手段に沿わないものであっても，あらたな行動様式を示す点で社会構造を刷新する点において社会構造に対して機能的である．しかし一方で，あまりにも大幅な革新であれば，既存の社会構造を変えすぎてしまう点で，社会構造に対して逆機能的である．こうしたことについてマートンは，

　おそらく，どんな社会の歴史でも，その文化英雄のなかには，まさに彼らが当時の集団的規範から逸脱する勇気と先見の明をもっていたという理由で英雄と考えられたものがあった．周知のように，かつての反逆者，革命家，非国境と，個人主義者，異端者，背教者などは，しばしば今日の文化英雄である（Merton 1957 = 1961：169）．

と述べている．

　なおこうしたマートンの論は，「逸脱行動が起こるのはどういった社会構造においてか」といった問いと，「逸脱行動が社会構造にどういう影響を与えるか」といった問いの双方を含む，「**中範囲の理論**」（Merton 1967 = 1969）を志向したものであることも付言しておきたい．

■8 逸脱行動論：ベッカーのラベリング理論を中心に

逸脱行動論は,「逸脱者を生み出すマクロな社会構造」(徳岡 1997：14) に注目する立場と, 逸脱者とされた人びとがなぜ逸脱をしていくのかといった「ミクロな社会過程」(徳岡 1997：14) に注目する立場の２つに大きく分けられる. 前者は先に取り上げたデュルケームやマートンらが代表的であり, 後者の立場については H. S. ベッカーらラベリング論者が代表的である. ここではベッカーらの逸脱行動論, すなわち**ラベリング理論**に絞って紹介していきたい.

ベッカーらが提唱したラベリング理論は, 逸脱の相対性を強調する点に特徴がある. たとえばベッカーは, その代表的著作の冒頭で以下のように述べる.

> あらゆる社会集団はさまざまな規則をつくり, それをその時々と場合に応じて執行しようとする. 社会の規則は, さまざまな状況とその状況にふさわしい行動の種類を定義し, ある行為を「善」として奨励し, あるいは「悪」として禁止する. ある規則が執行されると, それに違反したと見られる人物は特殊な人間, つまり集団合意にもとづくもろもろの規則にのっとった生き方が期待できないと考えられる. つまり彼は, アウトサイダーとみなされるのだ. (Becker 1973 = 2011：1)

つまりベッカーによると, 逸脱——このラベリング理論の項では「社会問題」「社会病理」も含めてこう表現する——は, それが何かしらの「社会の規則」に反しているから逸脱として「禁止」される. したがってベッカーの立場からは, 逸脱は絶対不変のものとして存在するものではない. ある時・場所で「これは逸脱である」と見なされる事象であっても,「規則」を設ける社会や文化, 時代が変われば「これは逸脱である」とは見なされず場合によっては「『善』として奨励」されることすらあると言える. こうした視点に立って, ベッカーは逸脱・逸脱者・逸脱行動を以下のように定義づける.

社会集団は，これを犯せば逸脱となるような規則をもうけ，それを特定の人びとに適用し，彼らにアウトサイダーのラベルを貼ることによって，逸脱を生み出すのである．この観点からすれば，逸脱とは人間の行為の性質ではなくして，むしろ，他者によってこの規則と制裁とが「違反者」に適用された結果なのである．逸脱者とは首尾よくこのラベルを貼られた人間のことであり，また，逸脱行動とは人びとによってこのラベルを貼られた行動のことである（Becker 1973 = 2011：8）．

　こうした視点，すなわち，「逸脱はどのように生じるのか（どのようにして『逸脱』が『逸脱』となるのか）」を明らかにしようとしたのが，ラベリング理論であり，一方で，言うならば「逸脱はなぜ生じるのか」を明らかにしようとしたのがこれまでに見てきたデュルケームやマートンらの論であったと言えよう．

9 デュルケームやマートンの論と逸脱行動論の共通性

　とは言えしかし，注意しなければならないのは，デュルケームやマートンが，こうした逸脱の相対性を認識していなかったのかというとそうではないということである．たとえばデュルケームは，『社会分業論』において

　　或る行為はそれが犯罪的であるから共通意識を害するといってはならないのであって，或る行為はそれが共通意識を害するからこそ犯罪的であるといわなければならない．われわれは，或る行為が犯罪であるからそれを非難するのではなく，それは，われわれがそれを非難するから犯罪なのである（Durkheim 1893 = 1989a：142-3）．

と述べているし，またマートンも

社会学者にいわせれば，「多くの人びと」が，あるいは「機能的にみて相当数の人びと」が，いな，社会の「大多数の人びと」がある社会的事情を彼らの標準から逸脱していると認めればこそ，このような事情をもって社会問題だということができるのだ（Merton 1966 = 1969：421）．

　それゆえ，われわれは，同じ社会状態や行動がある人びとには社会問題として，また他のある人びとには快適な事態として規程されるものだということを知る用意がなければならない（Merton 1966 = 1969：423）．

と述べている．あるいは，前節の末尾で引用した英雄についてのマートンの論も同様のことを示している．つまりは，これらの論者の視点の違いは，逸脱を研究する際にどの部分に注目するかといったところから生じている違いに過ぎず，どちらかの論のみが正しいといった話ではないことにも注意すべきであろう．

⑩ 逸脱行動の4類型

　さて，以上のように，ベッカーの論では逸脱者が「この者は逸脱者である」と社会的なラベルを貼られることによって本当に（？）逸脱者となっていく過程に注目したが，それではこのラベルはどのように・誰によって貼られるのか．

　上述の2つの問いのうち，まず「どのように」についてベッカーの論を引きながら見ていきたい．ベッカーは逸脱行動を以下のように4類型化した．

表7-2 逸脱の類型（Becker 1973=2011：17）

	順応的行動	規則違反行動
逸脱と認定された行動	誤って告発された行動	正真正銘の逸脱
逸脱と認定されない行動	同調行動	隠れた逸脱

「順応的行動」とは，社会的な規則に沿う，望ましいと思われる行動であり，「規則違反行動」とは社会的な規則に反する，望ましくないと思われる行動である．

上記の4類型のうち，順応的であり逸脱との認定もされない「**同調行動**」と，規則違反的であり逸脱と認定される「**正真正銘の逸脱**」については説明はいるまい．ベッカーの論で興味深いのは，順応的であるのに逸脱と認定される「**誤って告発された行動**」，すなわち「ぬれ衣」（Becker 1973 = 2011：17）と，規則違反的であるのに逸脱と認定されない行動，すなわち「**隠れた逸脱**」（ベッカーは例として「性的倒錯」を挙げている（Becker 1973 = 2011：18））の2つであろう．この類型化からは，「ある行動が規則に反しているかどうか」という次元の話と，「それが周囲に気付かれるか・注目されるか」という次元の話が逸脱行動への認識を左右するという示唆が導かれる．この示唆は，後に紹介する社会構築主義的な社会問題の捉え方に影響を与えていると言えよう．

続いて，先に示した2つの問いの後者である，「誰によって」についてのベッカーの論を見てみたい．ラベルは誰によって貼られるのか．言い換えるならば，先の類型の中に出てきた「規則」とは，誰による規則を指すのか．ベッカーは，このことについて以下のように述べる．

規則の種類はじつに多岐にわたる．規則が法律として正式に制定されたものである場合には，国の警察力がその執行にあたる．また一方，規則はインフォーマルな協約を意味することもある．この協約には新しく成立したものもあれば，時代と伝統の裁可によって甲羅を経たものもあろう．こ

の種の規則は多種多様なインフォーマルな制裁によって執行される（Becker 1973 = 2011：1）.

このように,「法律」といった公式なものから,非公式的な「協約」——日常的な言葉に言い換えると「慣習」や「空気」も含むだろうか——までもが逸脱を規定する「規則」に含まれうる.またベッカーは,「規則」が「規則」として成立していく過程についても論じており,彼によるとそれは,

> 規則をつくり,それを他の人びとに適用する力量の差異は,（法律上もまた法の管轄外でも）本質的には権力の差異である.自己の社会的地位によって武力と権力とを与えられた集団は,みずからのもうけた規則をほかに強制するのにもっとも有利である.年齢,性,人種,階級の相違は,すべてこの権力の差異と関連がある.この差異が,ある集団が他の集団の従うべき規則を設置しうる力量の相違を説明するのである（Becker 1973 = 2011：16）.

となる.すなわち,「権力」や「武力」など社会的な何かしらの力を有する集団が規則を設け,力を有していない集団にそれを「強制する」のである.

こうして,何かしらの力を有する集団によってラベルを貼られることによって逸脱者は生み出される.ひとたびラベルを貼られ周囲から「この者は逸脱者である」と見なされるに至ると,逸脱者とされた人間を受け入れる場は少なくなり逸脱行動からの回復は難しくなる.さらには,逸脱者とされた人びと自身が,「自分は逸脱者である」との「逸脱的なアイデンティティ」（Becker 1973 = 2011：34）を持ち,そうしたアイデンティティを共有する人びとによる逸脱集団が形成されるに至る.こうして逸脱者とされた人びとは「逸脱の増幅回路」（Becker 1973 = 2011：33）へと入り込み,そこからの脱却は困難となる.

こうした,逸脱者が社会的な力によって作り出されるとする視点や,社会的

な力によって逸脱者が作り出された後に，時には逸脱者自身がそれを受け入れることで，逸脱が相互作用的に再生産されていくといった視点は，次に触れる社会問題の社会構築主義にも継承されていくこととなる．

11 社会問題の社会構築主義

　社会問題の**社会構築主義**は，**キツセ**と**スペクター**の議論が紹介される形で日本に広められた．キツセとスペクターは，

> 　われわれは，社会問題を定義するに当たって，社会のメンバーが，ある想定された状態を社会問題と定義する過程に焦点を合わせる．したがって，社会問題は，なんらかの想定された状態について苦情を述べ，クレイムを申し立てる個人やグループの活動であると定義される．ある状態を根絶し，改善し，あるいはそれ以外のかたちで改変する必要があると主張する活動の組織化が，社会問題の発生を条件づける．社会問題の理論の中心課題は，クレイム申し立て活動とそれに反応する活動の発生や性質，持続について説明することである（Kituse and Spector 1977 = 1990：119）．

と宣言した．つまりは，先に見たラベリング理論をさらに純化する形で押し進め，社会問題は，誰かが「これは社会問題である」と主張することによって，社会的に構築されるものであるとする視角を示した．これが社会構築主義と呼ばれるアプローチである．社会構築主義そのものは，社会問題・社会病理の実態を明らかにしようとする実証主義とは大きく立場を異にするアプローチであると言えよう．

　このアプローチを採用する社会的構築主義者たる条件として，V. バーは，以下の4点を挙げている．それはすなわち，第1にわれわれも含めた世界で当たり前だと思われていることを疑う，「自明の知識への批判的スタンス」であ

り，第2にわれわれも含めた世界で共有されている理解の仕方が「歴史的および文化的な特殊性」を帯びていることを自覚することであり，第3にわれわれも含めた世界で共有されている知識が，日常的な相互作用によって作り上げられていることへの理解であり，第4に作り上げられた知識が新たな社会的行為を生産・再生産することへの理解である．この内ひとつでも該当していれば社会構築主義者と見なすことが可能であるとバーは述べている（Burr 1995 = 1997 : 3-7）．

このような立場である社会構築主義は，日本の社会学に対しても一定のインパクトを与えた．本章のテーマである社会問題・社会病理の領域でも同様であり，たとえば児童虐待という社会問題・社会病理を社会構築主義的な立場から分析した内田良の著作が挙げられる．内田は，児童虐待をめぐる統計データを検証しながら，必ずしも虐待が増えているとは言えないことを示しつつ，そのことと，メディアも含めた公的な場では「虐待が増えている」と語られることや，あるいは政策レベルでの対応が急速に進められていたこととの乖離を指摘し，当事者への調査を元に，そうした乖離の中から虐待をめぐる家族規範の圧力が差し向けられていることを考察した（内田 2009）．

社会構築主義はこのように，当たり前だと思われていることのベールを剥ぎ，当たり前だと思われていることによって抑圧されている人びとを解放する上で一定の実践的意義を持つ立場であると思われる．

しかし一方で，「当たり前だと思われてきたが，実はこれは社会的に作り上げられていたのだ！」とベールを剥ぐことが目的化してしまい，ベールを剥ぐことに何の意味があるのかを明らかにしない研究の濫造にもつながりやすいこともまた事実である．

12 おわりに

以上，社会問題・社会病理を捉えるためのいくつかの理論的立場を示してき

た.再度簡単に振り返ると,本章で取り上げたのは,逸脱行動を生み出す社会構造,特にアノミー状態に注目するデュルケームやマートンらの立場から,逸脱行動がどのように逸脱とされていくのか,逸脱者にラベルを貼る側と,ラベルを貼られる側の逸脱者との相互作用から逸脱が生じるメカニズムを明らかにしたベッカーらのラベリング論,さらには,ベッカーの問題意識をさらに推し進め,ある出来事が「問題」とされていく過程の社会的構築性に注目する社会構築主義までの,大きく分けると3つの立場である.

なお,注意しなければならないのは,後に紹介した立場が前の立場を乗り越えたことを意味しないということである.たとえばベッカーと同様の指摘をデュルケームやマートンも行っていたことに示唆されるように,それぞれに注目し強調する部分が異なるだけであり,新しいから正しいということではない.重要なのは,社会構築主義の節の末尾で述べたように,その立場を採用することが一体どういう意義を持つのかを考えた上で採用することである.またさらに付け加えるならば,自分をひとつの主義や立場に固定することなく,社会問題・社会病理的なトピックをさまざまな角度から考察していくことが必要となる.社会問題・社会病理現象そのものを探るという目的でもいいし,社会問題・社会病理の当事者がどのような意味世界に生きているのかを探る目的でもいいし,あるいは社会問題・社会病理を探ることで社会そのものの解明を行う目的でもいいが,結局のところは研究を行う目的と,その研究がどのような意義があるかが重要であり,方法は目的に応じて採用されるものであろう[3].言うならば,目的に応じた「**恥知らずの折衷主義**」(Suttles 1976)(佐藤[1992]2006:69-72)を採用し,社会学的に,社会病理学的に意義のある研究を進めていくことこそが必要なのである.

注)
1)「偏倚」という単語に見慣れない読者も多いだろうがとりあえずは「逸脱」と置き換えて理解して良いだろう.
2)1896年に「社会病理学」と題した著書を出したロシアの社会学者で,書籍名

に「社会病理学」を冠するものはこれが最初のものだとされている（米川 1991：5）.
3) この点においても，社会構築主義の節で紹介した内田良の研究は好例で，内田の研究は，構築主義的なアプローチも取りつつ実証主義的な方法と視点も採用し，最終的には虐待現象のかなりの部分を明らかにすることに成功していると思われる．

参考文献）

Becker, H. S., 1973, *Outsiders : Studies in the Sociology of Deviance*, The Free Press. (＝2011，村上直之訳『完訳アウトサイダーズ——ラベリング理論再考』).

Burr, V., 1995, *An Introduction to Social Constructionism*, Routledge. (＝1997，田中一彦訳『社会的構築主義への招待——言説分析とは何か』川島書店).

Durkheim, E., 1893, *De la division du travail social*, Félix Alcan. (＝1989a，井伊玄太郎訳『社会分業論　上』講談社).

——, 1893, *De la division du travail social*, Félix Alcan. (＝1989b，井伊玄太郎訳『社会分業論　下』講談社).

——, 1897, *Le suicide : Etude de sociologie*, Félix Alcan. (＝1985，宮島喬訳『自殺論』中央公論社).

Kitsuse, J. I., and M. B. Spector, 1977, *Constructing Social Problems*, Cummings Publishing Company. (＝1990，村上直之・中河伸俊・鮎川潤・森俊太訳『社会問題の構築——ラベリング理論をこえて』マルジュ社).

Merton, R. K., 1957, *Social Theory and Social Structure : Toward the Condification of Theory Research*, The Free Press. (＝1961，森東吾・森好夫・金沢実・中島竜太郎訳『社会理論と社会構造』みすず書房).

——, 1966, "Social Problem and Sociological Theory", Merton, R. K. and R. A. Nisbet, eds., *Contemporary Social Problems (2nd ed.)*, Harcourt Brace. (＝1969 森東吾訳「社会問題と社会学理論」森東吾ほか訳『社会理論と機能分析』青木書店，409-71).

——, 1967, "On Sociological Theories of the Middle Range", *On Theoretical Sociology : Five Essays, Old and New*, The Free Press. (＝1969 森好夫訳「中範囲の社会学理論」森東吾ほか訳『社会理論と機能分析』青木書店，3-54).

那須宗一・大橋薫・大藪寿一・中村祥一編，1968，『社会病理学事典』誠信書房．

大橋薫編，1966，『社会病理学』有斐閣．

Thomas, W. I., and F. Zunaniecki, [1918-1920] 1958, *The Polish Peasant in Europe and America, five-volume edition*, University of Chicago Press. (＝1983，桜井厚抄訳『生活史の社会学』御茶の水書房).

徳岡秀雄, 1997, 『社会病理を考える』世界思想社.
佐藤郁哉, [1992] 2006, 『フィールドワーク増訂版——書を持って街へ出よう』新曜社.
Suttles, G. D., 1976, "Urban Ethnography: Situational and Normative Accounts", *Annual Review of Sociology*, 2: 1-18
内田良, 2009, 『「児童虐待」へのまなざし——社会現象はどう語られるのか』世界思想社.
米川茂信, 1991, 『現代社会病理学——社会問題への社会学的アプローチ』学文社.

自習のための文献案内)

① 松下武志・米川茂信・宝月誠編著, 2004, 『社会病理学講座第1巻 社会病理学の基礎理論』学文社
② 井上眞理子・佐々木嬉代三・田島博実・時井聰・山本努編著, 2003, 『社会病理学講座第2巻 欲望社会——マクロ社会の病理』学文社
③ 日本社会病理学会監修, 髙原正興・矢島正見編著, 2016, 『関係性の社会病理』学文社
④ 畠中宗一・清水新二・広瀬卓爾編著, 2004, 『社会病理学講座第4巻 社会病理学と臨床社会学——臨床と社会学的研究のブリッジング』学文社
⑤ P. コンラッド／J. W. シュナイダー, 2003, 進藤雄三・杉田聡・近藤正英訳『逸脱と医療化——悪から病へ』ミネルヴァ書房

　ここでは, 本文中で言及したもの以外の文献を紹介することとしたい.
　① から ④ は日本における社会病理学の中心的研究者らによるものである. 社会病理学をめぐる理論とその射程を示した ①, 社会構造の側面から病理を探った ②, 個々の主体や場面の側面から病理を探った ③, 病理に対してどう向き合うかを示した ④ と, この4冊を読めば, 社会病理学の基礎は掴めるといっても過言ではなかろう. なお, ③ については, 社会病理学講座の第3巻として出版された『病める関係性』を改版したものである.
　⑤ は, 「逸脱＝悪いこと」とされていたものが, 次第に「病気」や「障害」などとして, 医療に組み込まれ, 治療の対象とされていく過程を明らかにしたものである. この文献では, たとえば「狂気」や「アルコール依存症」「同性愛」などが取り上げられ, それらが当初「逸脱」と見なされていたのに, 徐々に医学の対象へと移行していることが示され, 医療化論が展開されている. ラベリング論においても社会構築主義的な立場においても重要な文献である.

8章　社会調査

―― 方法を理解する，作品を味わう ――

1 社会調査とは

　社会学の使命は「現代社会を解読する」ことである．社会調査はそのための方法であって，その重要性は言うまでもない．社会調査抜きに，社会の観察も，分析も，解釈もほぼすべてあり得ないからである．このように重要な社会調査であるが，**社会調査**とはどのような営みなのか．これについて有力なのは，安田・原（1982：2）によるつぎの定義である．

- 社会調査とは，一定の社会または社会集団における社会事象を，主として現地調査によって，直接に（first hand）に観察し，記述（および分析）する過程である．

　つまり，社会調査とは，①問題となる社会事象について，②現地に出かけていき，意図的に「見たり」「聞いたり」「調べたり」してデータを集め，③そのデータを分析し，解釈する営みである．

　ここで，①の**社会事象**とは個人事象との対比で理解しておきたい．たとえば，医者がAさん個人の健康状態を尋ねるのであれば，それは社会調査ではない（個人事象）．しかし，医者が多くの人びとの健康状態を尋ねて，健康の社会的分布を明らかにするのであれば，それは社会調査である（社会事象）．

2 社会調査の説明：個性記述と法則定立

さてこのように，社会調査は社会事象の説明をめざす営みであるが，**社会調査の説明の仕方**は 2 つある．個性記述的（idiographic）説明と法則定立的（monothetic）説明の 2 つがそれである．

個性記述的とは，「ある特定の個別事例を細密に調べ尽くして，その事例を説明するすべての要因を列挙する」という説明の方法である．いうなれば，「事例の丸ごとの理解」がこの方法である．この方法が典型的にみられるのは，歴史学や臨床心理学や刑事裁判などであるが，社会調査でも重要な方法である（Babbie 2001 = 2003a : 66）．ただし，すべての原因を調べ尽くすことは難しいので，現実には，それを目指した，できる限りの「多面的な観察（説明）」ということになる．これを示したのが，図 8—1 の**個性記述的説明**の例である．ここ

図 8—1　個性記述的説明と法則定立的説明：偏見についての説明の例

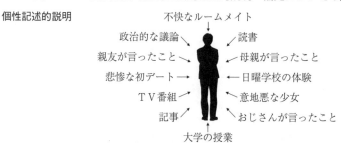

出典）E. Babbie（2001 = 2003a : 69）より．

では，ある特定の人物が偏見を持つにいたった多数の原因が示されている．

これに対して，法則定立的とは，「多くの個別事例に共通する，一般的要因を見つけ出し，問題となった事象の大体を説明する」というやり方である．たとえば，偏見の有無（＝問題状況（事態）a）は多くの場合，学歴の高低（＝要因β）が原因になっているといった説明の仕方がそれである．言い換えれば，「個別事情からは離れた一般論での説明」がこのやり方である．これを示したのが，図8－1の**法則定立的説明**の例である．この方法は一般的説明だから，それで説明できない事例も出てくる．図8－1の例では，「学歴が高い（低い）」と「偏見なし（あり）」であることが多い．しかし，「学歴が高く」ても「偏見あり」の人がいて，「学歴が低く」ても「偏見なし」の人もいる．つまり，法則定立的説明は確率論的な説明になる（Babbie 2001 = 2003a：67-68）．

■3 社会調査のデータ：量的データと質的データ

社会調査には**質的データ**（＝数値化されていないデータ）と**量的データ**（＝数値化されているデータ）がある．質的データを扱うのが**質的調査**，量的データを扱うのが**量的調査**である．たとえば，人間の知性を表す場合，「賢さ」のさまざまな行動記述は質的データであり，知能指数という数字は量的データである（Babbie 2001 = 2003a：28）．

個性記述では質的調査が比較的多く用いられ，法則定立では量的調査が比較的多く用いられる．しかし，個性記述的方法＝質的調査，法則定立的方法＝量的調査と決めつけない方がいい．個性記述には量的調査も利用されるし，法則定立にも質的調査は利用される．

たとえば，『オオカミに育てられた子』（Singh 1942 = 1977）は，オオカミ少女の生活記録で質的調査の古典だが，「環境」→「人間行動」（環境が人間を作る）という有名な法則定立的知見が示された．また，戸田貞三（1927）の『家族構成』は量的調査の古典だが，「わが国の家族構成」について，「量的に測定し，

家族構成の実態を明らかにし，それを通して当時の日本家族の性質を知ろうとする（喜多野清一 1982：389）」．つまり，『家族構成』は当時の日本家族の個性記述の作品でもある．このように個性記述と法則定立，量的調査と質的調査の関係は一筋縄にはいかない．

とはいえ大筋では，「質的データは詳細な情報を含み，個性記述的説明モデルに適している．逆に，量的データは法則定立的な説明モデルに適している（Babbie 2001 = 2003a：70）」とは言えるだろう．

■ 4 社会調査の4つの方法

社会調査の主な方法は，質的フィールド調査（qualitative field research），質問紙調査（survey research），実験（experiments），文献調査（documentary research, unobtrusive research）[1]の4つがある（表8—1）．これら4つは，大枠，

- 量的調査……質問紙調査＋実験（＋文献調査）
- 質的調査……質的フィールド調査（＋文献調査）

といった対応関係となる．文献調査はケースバイケースで量的調査，質的調査の両方に含まれる．質的フィールド調査には，参与観察と非形式面接（非構造化・半構造化面接，つまり，臨機応変な自由度の高い面接）が含まれるが，これについては，後にふれる（**7 8 9** 参照）．

これら4つの方法（質的フィールド調査，質問紙調査，実験，文献調査）の強みと限界は表8—1のとおりだが，簡便に特色を示せば，以下のようである．

- **質的フィールドワーク**の強みは「内容に富み，詳密な情報」を生み出すことである．つまりここでなされる調査の特徴は，「（事象の）多面的な観察」である．したがって，ここで本領を発揮するのは，質的データである．質的データは豊かな意味を含ませるという点で量的データよりも優れているからである．ただし，意味が豊かということは，意味があいまいであるということになりかねない（Babbie 2001 = 2003a：28-30，70）．

表8−1 社会調査で用いる主要な4つの方法

調査方法	強み	限界
質的フィールド調査	・普通,他の方法よりも内容に富み,詳密な情報を生みだす. ・エスノグラフィーは,社会過程について幅広い情報をもたらすことができる.	・比較的小規模な集団やコミュニティの研究でのみ利用できる. ・知見は,研究対象となった集団やコミュニティにだけ当てはまる.たった一回のフィールドワーク研究だけで一般化することはできない.
質問紙調査	・多数の人びとに関するデータを,効率よく収集できる. ・調査対象者の回答を,正確に比較することが可能である.	・収集したデータは表面的なものになりやすい.質問票が極めて標準化されている場合,回答者の見解に見出す重要な差異を看過しやすい. ・回答は,対象者が実際に確信する事柄でなく,確信しているふりをしたい事柄になる恐れがある.
実 験	・特定の変数の及ぼす影響力を研究者は統制できる. ・通常,後につづく研究者は,容易に実験を繰り返すことができる.	・社会生活の多くの側面は,実験室で生起させることができない. ・対象者の反応は,実験という状況の影響を受ける恐れがある.
文献調査	・研究対象となる記録や資料の種類によっては,数多くの事例データだけでなく,もっと詳密なデータの供給源にもなる. ・もっぱら歴史的な研究であったり,明らかに歴史的側面を問題にする際は,多くの場合,必要不可欠である.	・研究者は,現存する,しかも不完全なものかもしれない資料に依存している. ・一部の官庁統計のように,その資料がどのくらい現実の傾向を表示するかについて,解釈が難しいこともある.

出典)調査方法の名前は,Babbie (2001=2003b: 3-135) などを参考にして,Giddens (2001=2004: 777) を改変して表記.「利点」と「限界」は Giddens (2001=2004: 777) による.

- **質問紙調査**と**実験**の強みは「正確な比較」や「変数の及ぼす影響力の統制」である．つまりここでなされる調査の特徴は，「(変数の) 統制による説明」である．したがって，ここで本領を発揮するのは，量的データである．量的データは尺度として用いることができるという点で質的データよりも優れている．ただし，尺度は含まれる意味がひとつに限定されるということでもあり，含まれる意味内容が豊富さに欠ける場合もある (Babbie 2001 = 2003a : 28 - 30, 70).
- **文献調査**は，「多面的な観察」にも「統制による説明」にも使えるが，この方法の強み (特徴) はまったく別個の次元にある．つまり，人びと (事象) の直接的観察が難しい場合に威力を発揮することなどである．これについては，次節でさらにふれる．

そこで，文献調査を別にすれば，社会調査の方法と作品は，「**(事象の) 多面的な観察**」と「**(変数の) 統制による説明**」という両極を持つ一本の軸の上に配置することができる (図8—2)．ここに示した8分類に示された作品はどれも充実しており，精読がのぞまれる．

■ 5 文献調査(1)：文献 (paper) からの知見

ところで，現実の社会調査では，前掲 (■) の調査の定義に含まれる，「現地に出かけていき」(現地調査) ということが非常に困難な課題もある．その時に用いられるのが文献調査である．**文献資料**には，書かれた資料 (本，新聞，文書，文芸作品など)，数字による資料 (統計，統計調査など)，その他の資料 (映画，絵，写真，器具・用具など物体，録音・レコードなど) の3つがある (Duverger 1964 = 1968 : 95)．これらの文献資料を探索・収集・分析するのが文献調査である．

文献資料は図書館や大学や役所や新聞社や寺院・教会・神社や地域の団体や個人の家などで手に入る．したがって，文献調査は事象の直接の観察という意味での現地調査 (field work) とはかなり異なる方法である．そうであるが故に，

図8-2 社会調査の作品と方法

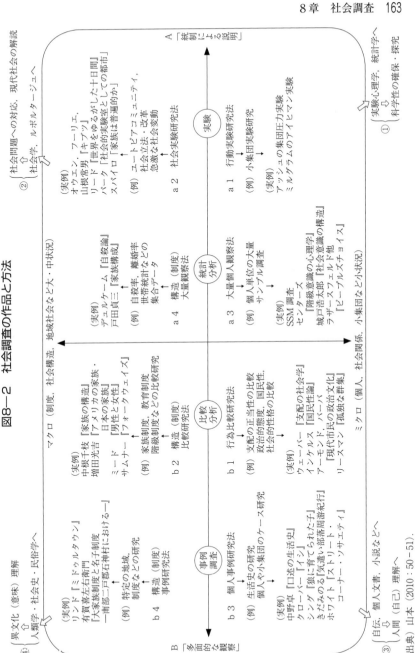

出典）山本 (2010：50-51).

文献調査は社会調査の中では比較的ウエートは小さいとの見方もある（安田・原 1982：7, 304）．

しかし，文献調査に積極的な意味を付与する有力な見解もある．すなわち，現地調査は調査対象に影響を与える可能性があるが，文献調査は調査対象にまったく影響を与えず，ありのままの状態を観察できる．これは文献調査の非常に優れた点である．バビー（2003b：109）はこの点を強調して，文献調査の方法を**非干渉的（出しゃばらない）調査**（unobtrusive research）とよんでいる．

バビーのこの命名はまだ一般的ではないだろう．しかし，社会調査の数が増え，調査環境の悪化がみられる今日[2]，文献調査の非干渉的という利点は強調されてよい．また，文献調査を社会調査の通常の方法に含める見解はむしろ一般的でもある（表8―1；Mann 1968 = 1982；May 2001 = 2005）．実際，本章付論「作品紹介」で「社会調査の名著」として取り上げた2著（デュルケーム『自殺論』と見田宗介「現代における不幸の諸類型」）も文献調査による作品である．

さらに文献調査の優れた作品の事例は表8―2にある．このうち，フィッシャー（1982 = 2003）に出てくる文献資料は表4―1（4章「都市」：86頁）にあるので参照してほしい．フィッシャーの調査の主要部分は現地調査（表8―1の質問紙調査）だが，文献資料を効果的に使うことで，論文の説得力が大きく増している．

◾ 6 文献調査(2)：意義と有効性

前節の議論から**文献調査の意義**については，ギデンズ（1993：667）のつぎの指摘が一応，適切なように思われる．「文献調査は……多くの場合取るに足らないものとされている．しかし，文献データの精査を多少でもともなわないフィールドワークや統計的調査は，ほとんど存在しない．たとえば，『ピープルズ・チョイス』でも，新聞等の資料を，調査の準備でも報告書の執筆でも広範囲にわたって活用していた」．

表8―2 文献調査による作品事例

研究事例	調査の問題	用いられたデータ
E. デュルケーム『自殺論』(第二編第四章) 中公文庫, 1985年	未開社会に自殺はあるか？ 老者・病者，夫の死のあとを追う妻，首長の死にともなう臣下の自殺が，見られる．集団本位的自殺の提示．	報告書，民族誌，学術論文など
作田啓一「戦犯受刑者の死生観」『価値の社会学』岩波書店, 1972年	戦犯受刑者の死の意味づけの型を明らかにする．	A級B級C級戦犯701人の遺書．『世紀の遺書』巣鴨遺書編集会編, 1953年, 収録
見田宗介「現代における不幸の諸類型」『現代日本の精神構造』弘文堂, 1965年	「不幸」の形態を手がかりに，現代の自己疎外の構造を考察．	読売新聞投書「身上相談」
谷富夫「創価学会をめぐる人間類型」『聖なるものの持続と変容』恒星社厚生閣, 1994年	創価学会の入会理由の変化と，創価学会巨大化の意味を考察．	聖教新聞の信仰体験記事
海野道郎・大工三枝子・山本努「〈正当化〉のメカニズム」『関西学院大学社会学部紀要』37号, 1978年	偏見や誤った信念が，何故維持され続けるのか？	新聞投書，イザヤ・ベンダサンの書物，政治家の発言の新聞記事
J. A. L. シング『狼に育てられた子』福村出版, 1977年	人間的行動の源は何か？ 遺伝か？ 環境か？	シング牧師の日記
川本彰『近代文学における「家」の構造』社会思想社, 1973年	家とは何か？ その社会学的考察．	日本の近代文学作品（光太郎, 漱石, 鴎外, 荷風など）
稲村博『自殺の原点』新曜社, 1979年	自殺は人類のいつ頃から始まり，どんな形で行われ，地域によってどういう異同があるのか？	日本，ヘブライ，ギリシャ・ローマ，中国，インド，中近東，ゲルマン・ケルトの神話や古典文学
S. de ボーヴォワール『老い』人文書院, 1972年	過去，現在の社会が老人をどのように扱ってきたのか，扱っているのか？	民族誌，聖書，哲学書，文学作品，民族の叙事詩，神話など
C. S. フィッシャー『友人の間で暮らす』未来社, 1982年	「都市の下位文化」理論の検討．	田舎町，小都市，大都市の地元新聞掲載のコミュニティ活動の案内

出典）山本（2010：39）より．

『ピープルズ・チョイス』は後（8章付論「作品紹介」1節）にふれる量的調査の古典である．このような量的調査の作品といえども，量的調査のみからは作られていない．『ピープルズ・チョイス』には文献調査も，さらには，フィールドワークに基づく具体的なインタビュー調査も効果的に使われている．

ただし，文献調査の位置づけに関する前記のギデンズの見解は，やや控えめすぎるようにも思う．何故ならば，ここで触れられているのは，文献調査の持つ補助的役割にとどまるからである．ここでは，文献調査はいうなれば，脇役である．しかし，現実には，文献調査は社会調査でそれ以上の重要な役割を担っている．実際，文献調査が主役（主な方法）になって生み出された，優れた作品は少なからずある（表8－2，参照）．これら作品にベラー（1957）の『徳川時代の宗教』を付け加えるのは文献調査の積極的意味を確認するのに役立つだろう．

『徳川時代の宗教』は文献調査の方法による古典的研究だが，研究の開始時点では，日米両国での質問紙調査が企画されていた．しかし，研究資金が得られず，（量的質問紙調査の）計画が頓挫し，文献調査の方法を採用した（Babbie 2001 = 2003b：131）．その結果得られたのがこの名著である．この例からもわかるとおり，文献調査の生産力が他の調査方法にくらべて劣るとは決して言えない．「仮にベラーが最初の計画どおりに……標本抽出された米国市民と日本市民に対する面接調査を行ったとしたら，このような深い理解を得ることはできなかった（Babbie 2001 = 2003b：131）」と思われるのである．結局，方法の選択はケースバイケースで，適切な方法を適切な問題に適用する以外の方策はないのである．

■ 7 現地調査(1)：人びと（people）の観察，参与観察を例にとって ■

前節で見たように文献調査は場合によっては，非常に有効な方法である．しかし，文献調査では見えない，したがって，**どうしても現地調査が必要な問題**

もある．現地調査の古典にホワイトの『ストリート・コーナー・ソサエティ』（後掲，8章付論「作品紹介」2節）がある．これはそういう作品である．『ストリート・コーナー・ソサエティ』が取り組んだのは，「"イースタンシティ"の中央部にあるコーナーヴィルとして知られるスラム街」である．この地域の生活実態は統計でも，新聞記事でも（＝つまり，文献調査では）見えてこないのである．

　すなわち，統計や観光（視察）（sight-seeing）によって，「（コーナーヴィルの）各家庭に浴槽がほとんどないことや，子どもたちが狭くて汚い路地に群がっていて，少年の非行率が高く，大人のあいだにも犯罪がはびこっていること，そして不況期には，住民の大半が生活保護を受けたり，公共事業促進局（W・P・A）のお世話になっていることがわかるかもしれない（Whyte 1993 = 2000：1）」．しかし，このような外部的な観察からは地域の実際の生活はわからないのである．

　さらには，新聞の与える情報も（コーナーヴィルの）非常に特殊な像である．ヤクザの殺人はニュースになるが，ヤクザの日常の平凡な暮らしはニュースにならない．政治家の収賄罪はニュースになるが，「有権者のためにいつものように尽力しているのであればニュースにならい．このように新聞というのは，重大事件，すなわち劇的な出来事だけに関心を集中する（Whyte 1993 = 2000：2）」．

　このように文献調査（ここでは，統計や新聞記事）で見えない，（コーナーヴィルの）社会的世界について知ろうとすれば，その唯一の方法は，「コーナーヴィルに住んで，住民の諸活動に実際に参加してみることである．そうすれば，コーナーヴィルというスラム街が，その人にとってまったくちがった姿で現れてくることに気づくはずである（Whyte 1993 = 2000：2）」．

　このようにして，ホワイトの現地調査が行われたが，上記のホワイトの方法は質的フィールド調査の中でも**参与観察**と呼ばれるやり方である．参与観察については，後掲（作品紹介（8章付論2節））でも触れる．また，質的フィールド

調査全般については，谷・山本（2010），谷・芦田（2009）などを参照してほしい．

さて，『ストリート・コーナー・ソサエティ』の研究によって，何がわかったか．それは，コーナーヴィルに独自の社会集団があり，そこには行動の規範も存在したことである．「外部の中産階級の世界から見れば，混乱して規律がないように思われる行動も，コミュニティ内の一定の規範にしたがっていたのである．たとえばこのことは，性行動の面においてさえあてはまる．……スラム地域を中産階級に特有の色眼鏡で見ている人は，……スラム地域と中産階級のコミュニティがどのように異なるか何もわからない．……それに対して，私の研究は，その当時のコーナーヴィルの特質を発見しようとしたものであった．そのようにしてこそ，より多くのことを学ぶことができるのである（Whyte 1964 = 2002：56 - 57）」．このホワイトの結論は重要である．何故か．それによって，われわれの住む社会的世界の理解がより進むからである．

■ 8 現地調査(2)：その類型軸，参与と統制

前節の現地調査の説明では，参与観察が大きく強調された．しかし，現地調査には参与観察以外にもさまざまな方法がある．非形式的面接，質問紙による面接，実験，「野鳥観察」的な観察といった方法がそれである（図8－3）．これらの方法を，前掲の表8－1の方法と対応づければ，下記のようになる．これらの全体が現地調査である．

```
    図8－3                        表8－1
・参与観察，非形式的面接，野鳥観察…………質的フィールド調査
・質問紙による面接，野鳥観察³⁾……………………質問紙調査
・実験………………………………………………実験
```

これに対して，文献調査は文書（paper）を「調べる（＝探索，収集，分析する）」ことであった（**5**）．つまり，社会調査には，現地調査と文献調査がある

8章 社会調査　169

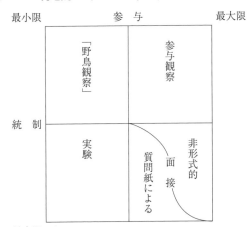

図8−3　現地調査（人びと（people）の観察）の4類型

出典）Mann（1968：82）に若干の加筆．山本（2010：41）より．

(Mann 1968 = 1982：74)．

　では，**現地調査**とはどのような営みか．それは，現地の人びと（社会）を「見たり」，現地の人びとから「聞いたり」することである．この人びとの観察（つまり，現地調査）の方法は，「参与」と「統制」という2つの軸で整理できる（図8−3）．

　「**参与**（participation）」とは，観察対象の人びとに調査者がどの程度，積極的，明示的に関わっているかを示す用語である．社会調査では人びとにじかに問いかけることがしばしばある[4]．これは「参与」が大きな方法である．これに対して，実験（や「野鳥観察」）のように，まったく身を隠しての観察もある．こちらは，「参与」の小さい方法である．

　「**統制**（control）」とは，科学的な厳密性や客観性を保つために「観察」がどの程度標準化されているかを示す用語である．「統制」のもっとも厳密な形は実験だが，質問紙調査もかなりの統制が加えられている．実験では刺激と反応が，質問紙調査では質問の提示と回答の仕方が，大きく制限されているので

ある．すなわち，実験や質問紙調査は「統制」の大きな方法である．これに対して，参与観察（や「野鳥観察」）のように，まったく統制のない，つまり物事が起こるがままの観察もある．こちらは「統制」の小さい方法である．

■ 9 現地調査(3)：その類型

「参与」と「統制」から見ると，観察の両極は実験と参与観察である．すなわち，図8-3に示すように，

　　実験…………「参与」極小，「統制」極大
　　参与観察……「参与」極大，「統制」極小
となって，実験と参与観察が観察の両極端に位置する．

これに対して，実験に比較的近い観察が質問紙による面接（すなわち，質問紙調査）である．また，参与観察に比較的近い観察が**非形式的面接**である．非形式的面接は，質問紙によらない，したがって，自由で柔軟度の高い，臨機応変の面接である．つまり，

　　質問紙による面接（質問紙調査）……「参与」小，「統制」大
　　非形式的面接（自由で柔軟度の高い，臨機応変の面接）……「参与」大，「統制」小
と位置づけられる．

これらを整理すれば，表8-3のようである．つまり，現地調査（観察）の主な方法は，「実験⇄質問紙による面接（質問紙調査）⇄非形式的面接（自由で柔軟度の高い，臨機応変の面接）⇄参与観察」と配列できる．

なお，図8-3には，「参与」極小，「統制」極小の「野鳥観察」と名づけられた観察もある．この方法は，社会調査の中ではユニークな作品をもつが，やや副次的であるので，表8-3から除いた．この方法ついては，マン（1968＝1982：119）のつぎの位置づけが妥当である．

「**野鳥観察**」は「この技法を用いて，ある家の一室にいる若い女性の普段の

表8—3　主な現地調査の方法

	参与	統制
実験	極小	極大
質問紙による面接（質問紙調査）	小	大
非形式的面接（自由で柔軟度の高い，臨機応変の面接）	大	小
参与観察	極大	極小

行動を観察しようとすれば，おそらく裁判沙汰になるであろう．しかし，この技法は，多くの社会的に承認されている状況のなかで用いることができる．調査の『仮説探求』の段階では，ほとんど間違いなく重要なはずである」．

10 現地調査(4)：実験の意義，質問紙調査の位置

　前節で見たように，参与観察の対極は実験であった（表8—3）．この実験の強みは因果関係を明らかにできることである．**因果関係**とはつぎのように考えるべきである．「A→Bの因果関係とは，Aを人為的に設定したときに必ずBが起こることである（安田・原 1982：25）[5]」．このような因果関係を人為的に設定するのが実験である．したがって，「実験こそが因果関係を直接に確認することができるし，それができるのは実験のみである（安田・原 1982：25）」．このような人為性が**実験の強み**である．

　しかし，人為性は**実験の弱み**でもある．実験室で確認できたA→Bの因果関係は，現実の社会過程では起こらないかもしれない．たとえば，「実験ではアフリカ系アメリカ人の歴史映画が偏見を減少させたとしよう．しかし，同じ映画が国内の映画館で上映された時，観客の偏見が減少するとは限らない（Babbie 2001 = 2003b：25）」のである．

　さらには，実験は社会調査の重要な問題に実際に適用するのが難しい．言い換えれば，実験はできないが，重要な社会調査の課題は多い．そこで，実際の社会調査でよく用いられるのは質問紙調査の方法である[6]．ここでは，「因果関

係とは相関関係プラス時間の前後である」とゆるやかに定義される[7]．これをもう少し詳しくいえば，① 原因が結果に先行すること，② 2変数が経験的に相関していること，③ 相関が何か別の第3変数によって説明されないこと，の3つである．この基準はラザースフェルドが提起したものだが，今日，広く共有されている（Babbie 2001 = 2003a：71）．ラザースフェルドは『ピープルズ・チョイス』の著者であり，量的（質問紙）社会調査のパイオニアである．この書物は後に紹介する（作品紹介（8章付論1節））．

■11 むすびにかえて：付論(1)(2)の作品紹介のために

さて以上で，社会調査の方法の大枠が示された．以下，8章付論の作品紹介(1)(2)で社会調査の名著を味わっていただくが，その位置づけは，以下のようである．

(1) 量的社会調査の名著
- E. デュルケーム『自殺論―社会学研究』
- P. F. ラザースフェルド・B. ベレルソン・H. ゴーデット『ピープルズ・チョイス―アメリカ人と大統領選挙』

前者は文献調査による，量的調査の古典，後者は質問紙調査による，量的調査の古典である．これら2著では，前節の①②③の基準による因果関係の検証が試みられている．つまり，これら2著は「統制による説明」の古典的作品である（図8―2）．

(2) 質的社会調査の名著
- 見田宗介「現代における不幸の諸類型」『定本見田宗介著作集V』所収
- W. F. ホワイト『ストリート・コーナー・ソサエティ』

前者は文献調査による，質的調査の古典，後者は質的フィールド調査によ

る，質的調査の古典である．これら2著では，社会の実相を広く，深く見るための方法を学びたい．前者における，例外的事例への着目，後者における，参与観察の採用がそれである．つまり，これら2著は「多面的な観察」の古典的作品である（図8-2）．

注)
1) 文献調査（documentary research, unobtrusive research）のことをドキュメント調査（May 2001 = 005），資料分析（Babbie 2001 = 2003b），資料調査（Giddens 1989 = 1992：669）と表記（翻訳）する文献もある．これらは，すべて同じ意味である．なお，本章の文献調査という表記は 安田・原（1982）に従っている．
2) 社会調査環境の悪化は，調査票回収の困難化などに端的にあらわれる．統計数理研究所の「日本人の国民性調査」は日本のもっともすぐれた社会調査の一つであるが，この調査においてすら，調査票の回収率は激減している．第13回（2013年）調査では今までの最低で50％となっている（表8-4）．
　このような回収率の激減をふくめて，つぎのような厳しい認識と調査方法論上の課題を示す論者もいる．「現在，『国民性調査』に限らず，社会調査は，それ自体が存続できるか否かのぎりぎりの岐路にある．しかし，調査なくして合理的な行動の決定は不可能である．いまこそ，悪化した調査環境に即応した統計情報の取得法と解析法の研究が急がれなければならない（坂元 2010：78）」
3) 野鳥観察の方法はケースバイケースで，質的フィールド調査にも，質問紙調査にもなる．
4) これについての実際の調査場面でのイメージは谷（2010），高野（2010），叶堂（2010）などを参照．
5) 因果関係とは，もう少し詳細には，つぎのようである．「AとBとが相関しており，われわれが他の条件を変更することなくわれわれの手でAを取り去るときは，必ずBは消滅し，同じく他の条件を変更することなくAを現象せしめる時，必ずBも現象するならば，AはBの原因であるという（安田 1970：229）」．
6) 実験ができない理由は技術的な問題もあるが，倫理的な問題もある．倫理的問

表8-4　国民性調査の回収率（％）

調査年	1953	1958	1963	1968	1973	1978	1983	1988	1993	1998	2003	2008	2013
回収率	83	79	75	76	76	73	74	61	69	64	56	52	50

出典）http://www.ism.ac.jp/kokuminsei/page9/page13/index.html
（「日本人の国民性調査」ウエブサイト）．

題はミルグラム（1965 = 1987；1974 = 1980）のアイヒマン実験を参照されたい．このような実験は今日では，行うことはできないだろう．

　もちろん，質問紙調査にも技術的制約，倫理的制約はある．しかし，質問紙調査は，技術的には，実験よりも適用範囲はかなり広い．倫理的には，たとえば，2章（「集団・組織」：40頁）で紹介した，ボダーガスの社会的距離に関する質問紙調査などは，今日では，これを行うのは難しいだろう．

　なお，社会調査全般にわたる倫理の問題は，本章では取り扱っていない．これについては，高智（2010）などから入門すればいいだろう．矢島（2010）も参考になる．

7）ここでの因果関係の定義がゆるやかであるという理由は，以下のようである．「因果関係とは相関関係プラス時間の前後である，としばしばいわれている．しかしこれは誤りである．昼は夜にかならず先行するが，昼が夜の原因であるとはいえまい（安田・原 1982：25）」．厳密な因果関係の定義は，**10** に引用の安田・原（1982）の引用，および，注5）の安田（1970）の引用を参照．

参考文献)

Babbie, E., 2001, *The Practice of Social Research, 9th ed*, Wadsworth/Thomson Learning.（= 2003a, 渡辺聰子監訳『社会調査法1―基礎と準備編―』培風館）．

―――, 2001, *The Practice of Social Research, 9th ed*, Wadsworth/Thomson Learning.（= 2003b, 渡辺聰子監訳『社会調査法2―実施と分析編―』培風館）．

Bellah, R. N., 1957, *Tokugawa Religion*, Free Press.（= 1996, 池田昭訳『徳川時代の宗教』岩波文庫）．

Durkheim, E., 1897, *Le suicide : Etude de sociologie*, Félix Alcan.（= 1985, 宮島喬訳『自殺論―社会学研究』中央公論新社）．

Duverger, M., 1964, *Methodes des Sciences Sociales*, Presses Universitaires de France.（= 1968, 深瀬忠一・樋口陽一訳『社会科学の諸方法』勁草書房）．

Fischer, C. S., 1982, *To Dwell among Friends : Personal Network in Town and City*, The University of Chicago Press.（= 2002, 松本康・前田尚子訳『友人のあいだで暮らす―北カリフォルニアのパーソナルネットワーク―』未来社）．

Giddens, A., 1989, *Sociology* (Second Edition), Polity Press.（= 1993, 松尾精文ほか訳『社会学（改訂新版）』而立書房）．

―――, 2001, *Sociology* (Fourth Edition), Polity Press.（= 2004, 松尾精文ほか訳『社会学（第4版）』而立書房）．

叶堂隆三，2010，「フィールドワークを楽しむ」谷富夫・山本努編『よくわかる質的社会調査（プロセス編）』ミネルヴァ書房：114-127．

喜多野清一，1982，「解説―日本における家族社会学の定礎者戸田貞三博士―」戸田貞三『家族構成』新泉社：381-404．

高智富美，2010,「調査倫理をふまえる」谷富夫・山本努編『よくわかる質的社会調査（プロセス編）』ミネルヴァ書房：216-229.

Lazarsfeld, P. F., Berelson, B. and H. Gaudet, 1968, *The People's Choice : How The Voter Makes Up His Mind in a Presidential Campaign* (Third Edition), Columbia University Press.（= 1987, 有吉広介監訳『ピープルズ・チョイス―アメリカ人と大統領選挙―』芦書房）.

Milgram, S., 1965, "Some Conditions of Obedience and Disobedience to Authority" Human Relations, 18: 57-76.（= 1987,「権威に服従するときと不服従のとき：その諸条件」斉藤勇編『対人社会心理学重要研究集1』誠信書房：85-88）.

――, 1974, *Obedience to Authority : An Experimental View*, Harper & Row.（= 1980, 岸田秀訳『服従の心理―アイヒマン実験―』河出書房新社）.

Mann, P. H., 1968, *Methods of Sociological Enquiry*, Blackwell.（= 1982, 中野正大訳『社会調査を学ぶ人のために』世界思想社）.

May, T., 2001, *Social Research : Issues, Methods and Process.* (Third Edition), Open University Press（= 2005, 中野正大訳『社会調査の考え方―論点と方法―』世界思想社）.

見田宗介，2012,「現代における不幸の諸類型」『定本見田宗介著作集Ⅴ』岩波書店：1-73.

坂元慶行，2010,「統計的日本人研究雑感―ある国民性調査係の36年の思い出―」『統計数理』第58巻第1号，統計数理研究所，61-82.

Singh, J. A. L., 1942, *Wolf-children and Feral Man*, Harper & Brothers.（= 1977, 中野善達，清水知子訳『狼に育てられた子（野生児の記録1）』福村出版）.

高野和良，2010,「フィールドに入る」谷富夫・山本努編『よくわかる質的社会調査（プロセス編）』ミネルヴァ書房：100-113.

谷富夫，2010,「異文化理解の扉を開ける」谷富夫・山本努編『よくわかる質的社会調査（プロセス編）』ミネルヴァ書房：12-13.

谷富夫・芦田徹郎編，2009,『よくわかる質的社会調査（技法編）』ミネルヴァ書房．

谷富夫・山本努編，2010,『よくわかる質的社会調査（プロセス編）』ミネルヴァ書房．

戸田貞三，1927（1982），『家族構成』新泉社．

Whyte, W. F., 1964, "On Street Corner Society", E. W. Burgess & D. J. Bogue (eds.), *Contribution to Urban Sociology*, The University of Chicago Press.（= 2002, 有里典三訳「W. F. ホワイト自身による1つのしめくくり」奥田道大・有里典三編，『ホワイト「ストリート・コーナー・ソサエティ」を読む―都市エスノグラフィーの新しい地平』ハーベスト社：53-80.

――, 1993, *Street Corner Society* : Fourth Edition, The University of Chicago Press.（= 2000, 奥田道大・有里典三訳『ストリート・コーナー・ソサエティ』有斐閣）.

矢島正見, 2010,「トラブル」谷富夫・山本努編,『よくわかる質的社会調査（プロセス編）』ミネルヴァ書房: 214-215.
山本努, 2010,「社会調査のタイポロジー」谷富夫・山本努編『よくわかる質的社会調査（プロセス編）』ミネルヴァ書房: 34-51.
安田三郎, 1970,『社会調査の計画と解析』東京大学出版会.
安田三郎・原純輔, 1982,『社会調査ハンドブック（第3版）』有斐閣.

自習のための文献案内)
① E. バビー, 2003, 渡辺聰子監訳『社会調査法①②』培風館
② P. H. マン, 1982, 中野正大訳『社会調査を学ぶ人のために』世界思想社
③ 安田三郎・原純輔, 1982,『社会調査ハンドブック（第3版）』有斐閣
④ 盛山和夫, 2004,『社会調査法入門』有斐閣
⑤ 原純輔・海野道郎, 2004,『社会調査演習（第2版）』東京大学出版会
⑥ 谷富夫・山本努編, 2010,『よくわかる質的社会調査（プロセス編）』ミネルヴァ書房
⑦ 谷富夫・芦田徹郎編, 2009,『よくわかる質的社会調査（技法編）』ミネルヴァ書房
⑧ 岩本裕, 2015,『世論調査とは何だろうか』岩波新書
⑨ 平松貞実, 2011,『事例でよむ社会調査入門―社会を見る目を養う』新曜社
⑩ 高根正昭, 1979,『創造の方法学』講談社現代新書

　①は社会調査全般の非常に優れた入門，概説書．社会調査の重要なポイントをバランスよく，明解に押さえてある．②も優れた入門書．①よりもコンパクトなので初学者には近づきやすい．③は日本での社会調査ハンドブックの定番．残念ながら絶版なので，古書店で入手しておきたい．④も社会調査の全般を学ぶのに好適．統計的方法にやや重点がある．⑤は社会調査の統計方法を演習形式で学べるのが特徴．じっくり取り組んでみたい．⑥⑦は非統計的な社会調査の入門，概説書．⑥は社会調査の進行に応じて，ハンドブック的にも使える．⑧⑨はわれわれに身近な世論調査，意識調査から，社会調査の面白さと重要性を学べる．社会調査を学ぶ，最初の一歩に推薦できる．⑩は長く読み継がれてきた，社会学方法論入門の好著．

8 章付論　作品紹介

■(1)社会調査の名著：量的社会調査の成果

　量的社会調査の代表的研究として，E. デュルケームの『自殺論——社会学研究』(Durkheim 1897 = 1985) と，P. F. ラザースフェルド・B. ベレルソン・H. ゴーデットによる『ピープルズ・チョイス——アメリカ人と大統領選挙』(Lazarsfeld et al. 1968 = 1987) を紹介する．量的社会調査といっても，その中にはいくつかの種類があるが，『自殺論』は既存の統計データを利用した研究，『ピープルズ・チョイス』はパネル調査により数量的データを収集し分析した研究であり，その性格は異なる．それでは，それぞれの研究について以下順に見ていこう．

『自殺論——社会学研究』

　『自殺論』は，E. デュルケーム (1858～1917) による著作で 1897 年にフランスにおいて刊行された．デュルケームは，産業化が進み文明が発達する中，当時のヨーロッパにおいて自殺が増加していたことを背景に，自殺統計を利用し，自殺の社会的要因について分析を行った．彼が使用したデータは，19 世紀におけるヨーロッパ諸国の自殺統計のデータであるが，時に年間報告には掲載されていなかった未公開のデータについても，司法省統計課長タルドの協力のもと，デュルケームの元教え子であったマルセル・モースが自殺者の記録を調べたという．また，本書の地図は，同じく元教え子のフェランが作成している．

　さて，本書でデュルケームはまず自殺を「死が，当人自身によってなされた

積極的,消極的な行為から直接,間接に生じる結果であり,しかも,当人がその結果の生じうることを予知していた場合を,すべて自殺と名づける」(Durkheim 1897 = 1985：22)と定義する.ここでは,本人による予知がなされていたものと制約を付けることによって,偶発的な出来事による死といった場合を除外する.そのうえで自殺統計の分析が進められるが,本書の特徴のひとつは,心理的要因や個人の性質から説明が試みられることが多かった自殺について,その要因を,個人の自殺の動機からではなく,**社会的要因**から検討したところにある.デュルケームは,「個人は,個人をこえたひとつの道徳的実在,すなわち集合的実在によって支配されている」(Durkheim 1897 = 1985：14)という立場に立ち,自殺とは,個人の心的状態だけでなく,個人に外在するものとしての社会的要因の影響を受けるとする.その理由としてデュルケームは,各国が固有の自殺率を持ち,その自殺率が短期間ではほとんど変わらないことに着目する.彼は,自殺の増減には社会的要因が関わり,統計的な数値としてその影響を明確に示すことができると考えたのである.

それでは,具体的に本書の中身を見ていこう.本書においてデュルケームは自殺統計を分析し,「自己本位的自殺」「集団本位的自殺」「アノミー的自殺」の3類型を提示する[1].まず「**自己本位的自殺**」であるが,これは,社会の持つ凝集性が弱まり,他方で個人の個性が過度に強くなる中,その**社会の統合度**の弱さから自殺が増加するというものである.彼は,「自殺は,個人の属している社会集団の統合の強さに反比例して増減する」(Durkheim 1897 = 1985：247-8)という命題を析出するにあたり,宗教社会,家族社会,政治社会という大きく3つの観点からデータを提示し分析を行う.まず,宗教社会に関して,カトリックの多い国や州とプロテスタントの多い国や州との自殺率を比較し,プロテスタントの方が自殺率が高いことを指摘する.表8付論—1は彼が提示したデータのひとつであるが,スイスにおける自殺率を見ると,プロテスタントの方が自殺率が高く,その傾向は,フランス人の州とドイツ人の州という異なる民族の州を見た場合においても一貫して認められる(Durkheim 1897 = 1985：174).

表8付論—1　スイス：宗教と各民族の自殺

	人口100万あたりの自殺数		
	フランス人の州	ドイツ人の州	各民族の州の全体
カトリック	83	87	86.7
両者の混成			212.0
プロテスタント	453	293	326.3

出典）Durkheim（1897 = 1985：174）より．

　この理由は，プロテスタントの方がカトリックに対し自由検討を広く認めているため，教会の統合度が低いからである．同様に，家族社会についても，既婚の場合と未婚の場合に分けて自殺率を出し，未婚の場合に自殺率が高いことを指摘するが，これは，既婚の場合には家族が抑止力となるからである．さらに，政治社会についても，政変や戦争の時には自殺率が低下することを示し，これらの時には集合的感情が生じ統合度が強まるため自殺が起こりにくいことを指摘する．以上の3つの観点からデータを提示することによって，「社会の統合度が弱い場合に，自殺が起こりやすい」という前述のより広い命題を析出したのである．

　次に，「**集団本位的自殺**」について見ていこう．デュルケームは「集団本位的自殺」について，「過度に個人化がすすめば自殺がひき起こされるが，個人化が十分でないと，これまた同じ結果が生まれる．人は社会から切り離されるとき自殺をしやすくなるが，あまりに強く社会のなかに統合されていると，おなじく自殺をはかるものである」（Durkheim 1897 = 1985：260）と指摘する．それでは，社会の統合度が強すぎる場合に見られる自殺とは，どのようなものだろうか．たとえば，未開社会では，夫のあとを追って妻が自殺する場合や，主君のあとを追って家来が自殺する場合がある．当該社会において夫を追って自殺すべきというような「自殺をする義務が課せられている」（Durkheim 1897 = 1985：263）からである．しかし，必ずしも自殺の義務が課せられていない場合であっても，宗教的な慣習として歓びとして自殺をする場合や，自殺が一種の

美徳として扱われ自殺をする場合なども存在する．さらに，個人の人格よりも集団の規律が優先される軍隊においても自殺が多い．デュルケームはこれらの事例について，個人が集団に埋没し，社会の統合度が強すぎるために自殺が行われることを指摘する．

最後に，「**アノミー的自殺**」とは，「人の活動が規制されなくなり，それによってかれらが苦悩を負わされているところから生じる」(Durkheim 1897 = 1985：319)ものである．人は無規制状態において自殺をするというこの命題については，経済的な無規制状態と家族における無規制状態の2つの事例が提示される．まず，経済的アノミーについて，経済的危機の時期に自殺は増加すると思われがちだが，経済的に繁栄している時にも，自殺は増加することがデータによって示される．経済の発展は，無規制状態を作りだし，人びとの欲望が際限なく高まるからである．同様に，離婚が起こりやすい所でも，家族や結婚生活という規制が弱く，特に夫において自殺が増加する．人は無規制状態において欲望が尽きることなく高まり，それが満たされないことによって苦痛にみちた日々をおくり，自殺をするのである．そして最後に，デュルケームは「実践的な結論」(Durkheim 1897 = 1985：459)として，当時のヨーロッパにおける自殺の増加に対し，職業集団の再建により自殺を減らすことを提案する．彼が職業集団にその可能性をみたのは，職業集団が「常時存在していること，どこにでも存在していること，そしてその影響は生活の大部分の面にわたっていること」(Durkheim 1897 = 1985：486)などの理由からであった．

既存の統計データを用い自殺の社会的要因を検討した本書は，社会学における代表的な古典的研究である．本書のおもしろさのひとつは，宗教別の自殺率や婚姻状況別の自殺率といった統計データについて個別に論ずるばかりでなく，それらのデータを総合的に論じることを通して，「社会の統合度が弱い場合に，自殺が起こりやすい」というより広い命題を析出したことにある．社会調査においては，新規の質問紙調査や聞き取り調査によってオリジナルのデータを収集することに目が向きがちだが，既存のデータからこれまで指摘される

ことのなかった命題を導き出すという本書の方法から学ぶ点は多い.

『ピープルズ・チョイス――アメリカ人と大統領選挙』

　『ピープルズ・チョイス』は，P. F. ラザースフェルド（1901〜1976）および B. ベレルソン，H. ゴーデットによる共著で，第1版は1944年にアメリカにて出版された. 本書は，1940年11月のアメリカでの大統領選挙における投票意向について，何に影響されたのか，また，どのように変化したのかを**パネル調査**によるデータから分析したものである. 調査は1940年にオハイオ州エリー郡において行われたが，まずこの地域の有権者からサンプルを3,000名抽出して第1回目の調査を行い，さらにその中から，追跡調査を行うパネル600名を抽出して7回にわたって継続して調査を行うという手法が取られた. 追跡調査は，1940年5月から11月まで毎月1回継続して行われ，合計で7回の面接調査がなされた. 量的社会調査の中でも質問紙調査では，回答者に対する1回限りの調査で終わることも多いが，本書では同一の回答者に対して複数回にわたって調査をするパネル調査の手法が取り入れられているという点に特徴がある. このような手法を取り入れることによって，本調査は，1回きりの調査では把握することが難しい投票意向の形成と変容を分析している. この点についてラザースフェルドらは「われわれは意見を記述したのではなく，意見が形成・される過程を研究したのである」（Lazarsfeld et al. 1968 = 1987：21）と指摘する. なお，パネル調査において起こりがちな問題として，調査の回数を重ねる中で調査協力者が減っていくということがある. しかし，エリー調査においては，調査員およびフィールド責任者が回答者に複数回にわたって調査協力を依頼するなどの対応がとられたため，このような調査不能事例は14％と低くおさえることができている.

　さて，量的社会調査では，調査対象者を選び出す**サンプリング**の手順も重要である. ラザースフェルドらは，「エリー郡が選定された理由は，この州が，調査員をきめ細かく管理できるほど小さなこと，独特の地方色が比較的少ない

こと，(中略) さらに，40年間——これは，20世紀に実施されたすべての大統領選挙で——全国的な投票傾向とほとんど違わなかったことにある」(Lazarsfeld et al. 1968 = 1987：53) と述べるが，調査対象地も慎重に吟味され選定されたことがわかる．さらに，エリー郡の中から調査対象者を選ぶにあたっては，以下の手法を用いたという．

> エリー郡の全住民をできるだけ厳密に代表するように約3,000名の人をサンプルとして選んだ．この人びと——サンプル名簿に記載された人たち——は，年齢，性別，居住地，学歴，電話および車の所有，出身地の点で，エリー郡全体の住民分布と似ていた．このサンプル名簿から4組各600名の人びとが層化抽出法で選び出された．各グループは相互に均等になるよう構成されており，実質的には，サンプル全体，また，エリー郡全体の縮小サンプルとなっていた (Lazarsfeld et al. 1968 = 1987：54)．

量的社会調査においては，**母集団**からある層に偏ってサンプルを抽出しては，調査の結果から母集団における傾向を正しく推測することができない．そこで，母集団の「縮小サンプル」(Lazarsfeld et al. 1968 = 1987：54) となるように抽出することが必要になるのである．このような抽出の手順を踏むことによって，600名といった限られたサンプルへの調査からでも，エリー郡全体の結果を推測することができるのである．

以上，調査手法の観点から見てきたが，次に具体的に本書の中身を見ていこう．本書では，人びとの投票意向の形成に関して分析が進められるが，その中でまずラザースフェルドらは，社会経済的地位，宗教や居住地区などが，人びとの投票意向に与える影響を分析する．その結果，裕福で，プロテスタント，農村部に居住といった場合に共和党支持，反対に，貧しく，カトリック，都市部居住の場合に民主党支持になりやすいという「**政治的先有傾向**」(Lazarsfeld et al. 1968 = 1987：80) の存在を指摘する．次に，マス・メディアのキャンペー

ン・プロパガンダの影響が検討され，以下のように指摘される．

　〔政党による宣伝〕への実際の接触は，メディアの利用可能性によってきまるものではない．利用可能性プラス先有傾向が接触を決定する——そして先有傾向は人びとの意見や態度に適合し，彼らの現在の立場を支持するコミュニケーションを選択させる．共和党支持者は民主党支持者よりも多くウィルキーの演説に耳をかたむけ，民主党支持者は共和党支持者よりも多くルーズベルトに耳をかたむける．キャンペーン・コミュニケーションの世界——政治演説，新聞記事，ニュース放送，論説，コラム，雑誌記事——は実際にはすべての人に開かれていた．しかし接触は一貫して党派的であった．（中略）——そしてこれが重要であるが——ある党を支持する態度が強力であればあるほど，彼は反対党の見解に接触しなくなる傾向が大である．自分の支持する候補者の選挙活動により多くのインタレストをもち，最大の関心をもっている意見の固定者は，インタレストも低く，関心も低い意見の固定者よりも，接触の点でより党派的であった．このような党派的な接触は党派的な既存の態度を補強する方向にのみ作用することができるのである．結局，もっとも党派的な人びとは反対党の議論にほとんど注意を払わないことによって，それに接触することによって生じる心の動揺から自分を保護するのである．その代りに，彼らは自分の最初の決定の妥当性と聡明さを再確認する宣伝に向かう——それは彼らの態度の補強に働くのである．（※ Klapper 1960 = 1966：38における *The People's Choice* (Second Edition) 89 頁の引用部分より）

　つまり，人びとは支持政党の宣伝に多く接触し，反対党の宣伝にはあまり接触しなかったため，マス・メディアは人びとの投票意向の変更にはほとんど影響を与えていなかったのである．それでは，投票意向の変更はどのようにして起こったのか．この点について，ラザースフェルドらは「どんな地域でもそし

てどんな公共問題についても，その問題への関心がもっとも高く，かつそれについてもっともよく発言する人びとがいく人かいる」(Lazarsfeld et al. 1968 = 1987：105) として，「**オピニオン・リーダー**」(Lazarsfeld et al. 1968 = 1987：105) と呼ばれる人びとの存在を指摘する．さらに，「対人関係のネットワークにおいて，『オピニオン・リーダー』は特殊な役割を果たしている．(中略) 観念はしばしば，ラジオや印刷物からオピニオン・リーダーに流れて，そしてオピニオン・リーダーからより能動性の低い層に流れる」(Lazarsfeld et al. 1968 = 1987：222) と指摘する．つまり，マス・メディアの影響はまずオピニオン・リーダーに伝わり，オピニオン・リーダーを通して家族や友人，周囲の人びとなどへ伝わる．そのようにして，投票意向の改変が起こるのである (「**コミュニケーションの2段の流れ**」)．加えて，重要な点として，「このオピニオン・リーダーが地域社会の名士でも，大金持ちでも，あるいは市民のリーダーでもないということである．オピニオン・リーダーはあらゆる職業集団にみいだされる」(Lazarsfeld et al. 1968 = 1987：106) と指摘する．以上の分析を行い，最終的には，「結局，人間を動かすことができるのは，なによりも人間である」(Lazarsfeld et al. 1968 = 1987：231) として論を締めくくっている．

　本書はマス・コミュニケーション研究の領域における重要な古典的研究であるが，量的社会調査の研究としても学ぶ点は多い．これは社会調査全般にも通じることであるが，新規に調査を行いオリジナルのデータを収集する時，調査目的および調査法を決定する必要がある．調査目的がいかにおもしろいものでも，それに応じた調査法を選択しなければ，目的と結論がかみ合わないちぐはぐな研究となってしまう．本書では，「投票意向の形成と変容を把握する」ために，パネル調査の手法が取り入れられ，調査対象者の選定方法なども丁寧に吟味されている．新規に量的社会調査を行う際にどのような点に気をつけるべきなのか，そのような観点からも重要な示唆を与えてくれる文献である．

注)

1) 『自殺論』の中には,「自己本位的自殺」「集団本位的自殺」「アノミー的自殺」の3類型に加え,「宿命論的自殺」がある.「宿命論的自殺」については,「過度の規制から生じる自殺であり,無情にも未来を閉ざされた人びとのはかる自殺である」(Durkheim 1897 = 1985 : 530) と説明されるが,これについては注において説明されるにとどまり,扱いが小さいので,今回本文中では取り上げていない.

参考文献)

Durkheim, E., 1897, *Le suicide : Etude de sociologie,* Félix Alcan.(= 1985, 宮島喬訳『自殺論――社会学研究』中央公論新社).

Lazarsfeld, P. F., Berelson, B. and Gaudet, H., 1968, *The People's Choice : How The Voter Makes Up His Mind in a Presidential Campaign* (Third Edition), Columbia University Press.(= 1987, 有吉広介監訳『ピープルズ・チョイス――アメリカ人と大統領選挙』芦書房).

Klapper, J. T., 1960, *The Effects of Mass Communication,* The Free Press of Glencoe.(= 1966, NHK放送学研究室訳『マス・コミュニケーションの効果』日本放送出版協会).

■(2) 社会調査の名著：質的社会調査の成果

ここでは，**質的社会調査**の代表的論考として，**見田宗介**の『現代における不幸の諸類型』と，W. F. ホワイトの『ストリート・コーナー・ソサエティ』を紹介したい．前者は，文書データに対して質的な分析を行っていく**文献調査（ドキュメント分析）**の代表例として，後者は，調査者自身が調査対象となる地域や集団の中で，自身も地域・集団の一員として実際に生活をしながら調査を進めていく**フィールドワーク・参与観察**の代表例として位置づけられる．

『現代における不幸の諸類型』

『現代における不幸の諸類型』は，1962年に『読売新聞』に投書として寄せられた304件の身上相談に対する分析から，当時の社会が諸個人に抱えさせている不幸をパターン化して抽出し，そうした不幸がどのように生じているのか，不幸の背後にある要因や要因同士の連関を明らかにしたものである．つまりは，身上相談を元に，当時の社会——それも特に社会が諸個人に与えたいびつさ——を分析した論考である．

ここで読者は「投書で身上相談を行う者など社会の中では少数であり，そこから社会の分析をすることなど可能なのか」といった疑問を持ったかもしれない．その疑問自体は妥当であるし，質的な調査に対しても頻繁に向けられる——「少数への調査から何が分かるの？」など——重要な疑問であろう．これに対して見田は以下のように述べる．

> 活火山は決して地表の「平均的」なサンプルではない．しかし活火山から吹き出した溶岩を分析することをつうじて，地殻の内部的な構造を理解するための有力な手がかりがえられるのである．極端な，あるいはむしろ例外的な事例が，他の多くの平常的な事例を理解するための，いっそう有効な戦略データとなることは，自然科学においてさえ多く見られる．ここ

では現代日本社会における「不幸の諸類型」のこのような戦略データとして，マスコミの身上相談にあらわれる事例をえらんだ（見田 2012：3）．

つまり，少数意見であろうとも，噴出して表に出てきたものを通して社会の深層を探る手がかりは得られるわけである．こうした見田のスタンスは，実証的な立場を取る質的社会調査の多くに共通するものである．

さて，以上のようなスタンスに立ち，見田は身上相談に対する分析を進めていく．見田は，304 件の投書から，「質的な代表性」（見田 2012：11）を持つ 12 の事例を抽出し，その背後にある要因と連関を見つけ出していく．12 の事例はさらに「欠乏と不満」「孤独と反目」「不安と焦燥」「虚脱と倦怠」と 4 つの不幸の類型に分類され，それらの不幸がどういった過程から生じているのかが分析されていく．典型的事例における不幸の発生メカニズムの分析から，現代における不幸の典型例が 4 つ析出されたわけである．

さらに見田は続けて，典型的事例に共通する要因や連関構造を手がかりに，不幸の発生メカニズムの統合を図っていく．統合の手順について見田は以下のように述べる．

たとえば，失業が家庭内の不和をもたらした事例があり，家庭の不和が非行の原因となった事例があり，さらにまた，家庭内の不和が神経症の原因となった事例が存在するとするならば，これらの事例のモンタージュから，

という連関を，現実におこりうるものとして確定しうる（見田 2012：61）．

つまりは，要因同士が論理的につながりうる部分を見つけ出し，個々の事例

を超えて要因同士を結び付けていくことで，日本社会において不幸が生じるメカニズムの全体を示そうとしているわけである．さらに見田はこの統合作業において，身上相談に登場する人物たちを，「中小企業労働者・下層農民」と「官庁および大企業ホワイトカラー」の2層に分け，それぞれの階層において生じる不幸の要因と連関を一望できる見取り図を示した．

　身上相談という非常に個別具体的なものから日本社会の不幸の全体像を明らかにした本論考は，日本におけるドキュメント分析の代表的なものである．見田の名人芸的な技をそのまま真似することは難しいとは言え，分析の技法においても，分析から導き出された結果についても，今も多くの示唆が得られるものである．

『ストリート・コーナー・ソサエティ』

　『ストリート・コーナー・ソサエティ』は，W. F. ホワイトによるフィールドワーク・参与観察によって記された**モノグラフ**である．ホワイトは，ボストン市内のノースエンドにある「コーナヴィル」と呼ばれる，イタリア系移民が住民の大部分を占めるスラム街的な地域で，イタリア系移民の集団に入りながら，コミュニティとしてのコーナヴィルがどのように成立し変容しているのかを明らかにしようとした．特にホワイトが注目したのは，コーナヴィルの若者たちがコミュニティで，どのような価値観の下で，どのように暮らしているのか，そうした若者たちがどのように地位達成をしていくのかという点であった．そのためにホワイトはコーナヴィルで過ごしながら，コーナヴィルに暮らすギャング団と関係を作り，ギャング団内の上下関係がどのような論理によって構成されているのかを探っていく．ホワイトによると，ギャング団の上下関係は生活の多くの場面に影響を及ぼしており，たとえばボウリングのような遊興的な場面においても，ボウリングのスコアが通常の上下関係から影響を受けていることが見て取れる．

　さらにこうした，コミュニティにおけるギャング団の関係が地方レベルでの

政治活動にもつながっており，選挙運動への動員や投票行動への影響を通して，都市におけるさらに大きなネットワークと連結することになっている．
　すなわち本書は，

都市における政治的ネットワークへの連結
↑
集団（ギャング団）と外部集団とのつながりと上下関係
↑
移民たちの集団（ギャング団）におけるつながりと上下関係

と，狭い範囲でのフィールドワーク・参与観察を元にして，主として政治的な側面における都市全体のネットワークを描き出そうとしたものであると言える．また，都市のスラムやそこで暮らすギャング団の中にも特有の秩序が存在しており，全体社会における秩序とは異なる秩序であるとは言え，無秩序状態ではないことを描き出したものでもある．この点において本書は，**シカゴ学派**が行った都市社会学的研究の中でも重要な位置を占めるものである．

　加えて本書は，以上のような都市社会学的意義に加えて，社会調査の方法論を考える上でも意義あるものである．ホワイトは，研究フィールドとしてのコーナヴィルに注目した当初は，自分自身がそこで生活しながら調査をするとは考えておらず，10人程度の調査チームを組んで，コーナヴィルの外から調査を行おうとしていた．しかし，それに対して周囲から忠告を受け，調査チームの規模を徐々に縮小していった（Whyte 1993 = 2000：290-1）．さらにホワイトは，調査当初はあくまでも冷静で客観的な調査者としてコーナヴィルを観察しようとしていたようだが，それではコーナヴィルとの距離を縮められないことに気付く．この時の苦悩をホワイトは以下のように述べている．

　　コーナヴィルは私の眼前に存在していたが，たいそう遠く感じられた．
　　私は自由にストリートを歩き回り，アパートの中に入ることもできたが，

完全に未知の世界では依然として"新参者"であった（Whyte 1993 = 2000：294）．

そこでホワイトは，コーナヴィルの中に暮らす人びとと同じような方法を取ることによって，コーナヴィルの中に入っていく方法を取る．具体的には，酒を飲める場所に行き，女性に酒をおごることで知り合いになって，そこから調査の糸口をつかむという方法であった．しかし，ここでもホワイトは失敗してしまう．ホワイトは，地元の人間は立ち寄らないリーガルホテルのバーと娯楽コーナーで上記の方法を実践したため，結局コーナヴィルの人びとと出会うことはできなかった（Whyte 1993 = 2000：294）．

こうした紆余曲折を経て，ホワイトは最終的にセツルメント・ハウスに出向き，ソーシャルワーカーに依頼してギャング団のリーダーと知り合い，彼にさまざまな場所を連れ歩いてもらうことで，また同時に，コーナヴィルで部屋を借り生活を始めたことで，実際にコーナヴィルの一員となっていった．

当時ホワイトはハーヴァード大学に所属していたので，ハーヴァードで暮らしながらコーナヴィルに調査に通うことも「技術的には可能であった」が，「社会的には不可能」であったため，このやり方を採用しなかったと述べている（Whyte 1993 = 2000：298）．つまり，コーナヴィルに住まなければ「**新参者**」としての地位を抜け出すことはできず，コーナヴィルを構成する人びとと親密な関係を築けない．親密な関係がなければ，コーナヴィルの実態を明らかにすることも当然できない．そこでホワイトは，快適な居住空間を捨て，コーナヴィルに住み込むことにしたのであった．

こうしたホワイトの方法は，フィールドワーク・参与観察をはじめとした質的調査を行う者にとっての非常に重要な示唆を現在も与えてくれる．すなわち，「新参者」であり続けていては，調査によって明らかにしたい対象に近接することが難しくなるということである．もちろん，内部の人間になれば全てが明らかになるというわけではなく，調査から得られたものを分析するだけの

手腕もまた必要にはなるが，質的社会調査の中でも特にフィールドワーク・参与観察を行う者が押さえるべきことを示してくれている点でも，本書の持つ社会学的意義は大きいと言えるだろう．

紹介した文献)

見田宗介，2012，「現代における不幸の諸類型」『定本見田宗介著作集Ⅴ』岩波書店，1-73．

Whyte, W. F., 1993, *Street Corner Society : Fourth Edition,* The University of Chicago Press.（＝2000，奥田道大・有里典三訳『ストリート・コーナー・ソサエティ』有斐閣）．

索　引

あ　行

秋津元輝 … 99
アノミー的自殺 … 180
アノミー論 … 140
有賀喜左衛門 … 98
安価な労働力 … 131

家（イエ） … 97
「家」，「村」は解体した … 99
家連合 … 98
生きがい … 123
育児 … 63
逸脱 … 83
逸脱行動論 … 146
移民 … 85
因果関係 … 171
インフォーマル … 122

エスノセントリズム … 17, 38

狼に育てられた子 … 19
大野晃 … 100
オーディエンス … 35
オピニオン・リーダー … 184

か　行

介護 … 125
　──の社会化 … 127
外国人労働者 … 132
介護職 … 131
介護保険制度 … 127
外集団 … 36
外部主導 … 107
下位文化 … 16, 83
下位文化理論 … 82
核家族 … 57
　──の普遍史 … 64
核家族化 … 65

拡大家族 … 58
過疎化 … 99
家族 … 62
家族外生活者 … 55
家族固有の機能 … 63
家族主義的社会 … 59
「家族の個人化」モデル … 70
家族の多様性 … 58
家族の普遍性 … 61
活動理論 … 123
カテゴリー … 35
空の巣期 … 123
観光の場 … 105
感情行動 … 132
官僚制 … 47

キッセ … 151
機能主義 … 27
客体 … 107
巨視的世界 … 21
近代家族 … 69

空骸家族 … 62
グローバリゼーション … 18

結節機関 … 88
Ｋパターン … 131
限界集落 … 100
現地調査 … 169
　──が必要な問題 … 166

公式組織 … 46
構造分化 … 85
行動 … 14
幸福追求 … 64
高齢化率 … 117
高齢者 … 117
「高齢者減少」型過疎 … 100

国民社会…………………………………88
9つの社会制度……………………………24
個人⇄集団⇄社会……………………34
個性記述的説明………………………… 158
コミュニケーションの2段の流れ…49, 184
コンフリクトセオリー…………………27

さ　行

盛り場……………………………………90
サロン活動……………………………… 130
サンプリング…………………………… 181
参与……………………………………… 169
参与観察………………………… 167, 186

ジェンダー非対象……………………… 108
シカゴ学派……………………………… 189
自己成就の予言……………………………25
自己への呈示………………………………26
自己本位的自殺………………………… 178
自殺と家族…………………………………57
自殺論…………………………………… 177
（事象の）多面的な観察 ……………… 162
自然村………………………………………98
実験……………………………………… 162
実験の強み……………………………… 171
実験の弱み……………………………… 171
質的社会調査…………………………… 188
質的調査………………………………… 159
質的データ……………………………… 159
質的フィールドワーク………………… 160
質問紙調査……………………………… 162
社会………………………………………21
社会解体論……………………………… 142
社会学………………………………………11
　　──の使命……………………………… 157
　　──の3つの立場………………………28
社会的位座としての父（社会学的父）…63
社会構造……………………………………22
社会構築主義…………………………… 151
社会事象………………………………… 157
社会組織論的視角…………………………80
社会調査………………………………… 157
　　──の主な方法……………………… 160

　　──の説明の仕方…………………… 158
社会的カテゴリー…………………………35
社会的距離…………………………………40
社会的要因……………………………… 178
社会の統合度…………………………… 178
社会の分析レベル…………………………36
社会病理………………………………… 137
社会福祉協議会………………………… 130
社会有機体説…………………………… 137
社会類型と家族……………………………60
若年層の流出………………………………99
集合………………………………………35
集合的行動の視角…………………………80
修正拡大家族………………………………67
修正拡大集落…………………………… 104
集団間摩擦…………………………………85
集団の逆機能………………………………50
集団本位的自殺………………………… 181
習得された行動……………………………13
主体性…………………………………… 107
出生率の低下（少子化）…………………68
準拠集団……………………………………39
小規模で親密な集団………………………42
小集団………………………………………41
消費の場………………………………… 105
「人口量」「人口量」「人口密度」→
　「アーバニズム」………………………79
シンボリック相互作用論…………… 25, 27

鈴木栄太郎…………………………………98
　　──の都市論……………………………88
ズナニエツキ，F.……………………… 142
スペクター……………………………… 151

生活の充実感………………………………56
生活面や農業労働面において男女間の
　不平等な関係性……………………… 108
政治的先有傾向………………………… 182
「正常人口の正常生活」論………………91
生殖家族……………………………………59
生態学的視覚………………………………80
制度………………………………………23
制度家族から友愛家族へ…………………68

制度的手段………………………… 143
性役割革命………………………………69
世帯と職域集団（と学校）……………91
世帯の小規模化………………………… 119
選択と集中………………………………103

組織………………………………………46
ソローキンとツインマーマンの農村比較
　………………………………………78

た 行

第三空間…………………………………90
第一次集団………………………………44
　——の発見………………………………49
第一次的関係……………………………44
大規模でインパーソナルな集団………42
大集団……………………………………41
第二次関係………………………………46
第二次集団………………………………46

地位………………………………………23
地域集団の弱体化……………………… 123
地域の存続………………………………99
地域福祉………………………………… 129
「地方消滅」論………………………… 102
中間集団の希薄化………………………81
中範囲の理論…………………………… 145

定位家族…………………………………59
デトロイト調査…………………………81
デュルケーム，E. …………………… 140, 177

統合機関…………………………………87
統制……………………………………… 169
道徳的錬金術……………………………37
徳野貞雄………………………………… 103
都市地域…………………………………97
都市的生活様式論………………………89
都市的パーソナリティ…………………80
都市という言葉の使われ方……………76
都市統合のイメージ……………………92
トマス，W. I. ………………………… 142
トマスの公理……………………………25

な 行

内集団……………………………………36
長い高齢期……………………………… 123

ネットワーク概念………………………99

農山村地域………………………………97
　——の女性……………………………… 107

は 行

恥知らずの折衷主義…………………… 153
パーソナリティー機能…………………68
パネル調査…………………………… 181
バーンアウト（燃え尽き）…………… 132

ピープルズ・チョイス………………… 181
非家族主義的（個人主義的）社会……59
非干渉的（出しゃばらない）調査…… 164
非形式的面接…………………………… 170
微視的世界………………………………21
非通念性…………………………………83

フィールドワーク……………………… 186
夫婦家族や孤立した核家族……………66
フェミニズム……………………………69
フォーマル……………………………… 122
複婚家族…………………………… 57-58
福祉……………………………………… 115
福祉社会学……………………………… 116
福武直……………………………………98
2人集団…………………………………41
文化………………………………………13
　——の外的側面…………………………16
　——の公分母……………………………17
　——の内的側面…………………………16
文化型……………………………………15
文化的目標……………………………… 143
文献資料………………………………… 162
文献調査…………………………… 162, 186
　——の意義…………………………… 164

ベッカー，H. S. ……………………… 146
（変数の）統制による説明…………… 162

法則定立的説明……………………159
母集団……………………………182
ホームヘルプサービス………………130
ボランティア活動……………………130
ホワイト，W. ……………………186

ま 行

マートン，R. K. …………………143
増田レポート………………………102
マードックの定義……………………61

見田宗介…………………………186
民族的外集団………………………37
民族的下位文化………………………17

村（ムラ）…………………………97

モノグラフ…………………………188

や 行

役割…………………………23, 123
役割縮小期…………………………123
野鳥観察……………………………170
山本努………………………………100

有償ボランティア……………………130

ら 行

ラザースフェルド，P. ………………181
ラベリング理論………………………146

離職率………………………………132
離脱理論……………………………123
量的調査……………………………159
量的データ…………………………159
臨界量………………………………85

わ 行

ワースのアーバニズム論………………78
渡辺めぐみ…………………………111

編著者紹介

＊**山本　努**　（はじめに，新版によせて，1章，2章，3章，4章，8章）
山口県生まれ，神戸学院大学・現代社会学部　教授　専攻　地域社会学
著書・論文『現代過疎問題の研究』恒星社厚生閣，1996年
『よくわかる質的社会調査（プロセス編）』ミネルヴァ書房，2010年（共編）
『人口還流（人口Uターン）と過疎農山村の社会学〈増補版〉』学文社，2017年（日本社会病理学会出版奨励賞）

山下亜紀子　（5章）
宮崎県生まれ，九州大学大学院・人間環境学研究院　准教授　専攻　家族社会学
著書・論文「農村高齢者の福祉サポート資源への期待―青森県黒石市六郷地区の調査分析をもとに―」『村落社会研究』15号，2001
「住民主体型育児支援組織の特徴と展開」『社会分析』38号，2011年
「発達障害児の母親の対人的支援についての考察―ソーシャル・サポート分析に基づいて―」『西日本社会学会年報』12号，2014年

吉武由彩　（6章，8章付論1節）
長崎県生まれ，福岡県立大学・人間社会学部　講師　専攻　福祉社会学
著書・論文「社会学的想像力の現代的意義と可能性――『他者性想像力』に着目して」『社会分析』40号，2013年
「若年層における献血の一断面――福祉的行為の生成過程をもとに」『現代の社会病理』28号，2013年
「非対面のボランティア的行為と想像力の問題――多回数献血者への聞き取り調査の結果から」『西日本社会学会年報』12号，2014年

桑畑洋一郎　（7章，8章付論2節）
熊本県生まれ，山口大学・人文学部　准教授　専攻　医療社会学
著書・論文「ハンセン病療養所退所者の医療利用実践――沖縄の療養所退所者を事例として」『保健医療社会学論集』21巻2号，2010年（日本保健医療社会学会奨励賞）
『ハンセン病者の生活実践に関する研究』風間書房，2013年
「HTLV-1関連疾患をめぐる現場」『現代の社会病理』29号，2014年

（＊は編者）

新版　現代の社会学的解読――イントロダクション社会学――

2016年9月10日　第一版第一刷発行
2018年8月10日　第一版第二刷発行
2020年9月10日　第一版第三刷発行

編著者　山　本　　努
発行者　田　中　千津子

発行所　〒153-0064　東京都目黒区下目黒3-6-1
☎ 03(3715)1501　FAX 03(3715)2012
振替　00130-9-98842
株式会社　学文社

検印省略

© 2016 Yamamoto Tsutomu, Printed in Japan

ISBN 978-4-7620-2652-2　印刷／㈱亨有堂印刷所